KB078593

이승만 평전

차례
Contents

들어가며

    이 책은 대한민국 초대 대통령인 이승만(李承晚, 1875~1965)의 생애를 조명함으로써 그의 역사적 의미를 평가하는 데 목적이 있다.

    그가 살았던 시대는 한반도의 남쪽 지역이 '대륙문명권'에서 '해양문명권'으로 옮겨가는 긴 '문명의 전환기'였다. 따라서 그에 대한 역사적 평가도 문명사적인 관점에서 다루어질 수밖에 없는 것이다.

    19세기 후반 조선왕조 시대에 태어난 이승만은 대부분의 당대인들과는 아주 다른 특별한 인생을 살았다. 그는 당시 한국인으로서는 유일하게 미국의 조지워싱턴 대학교, 하버드 대학교, 프린스턴 대학교를 거쳐 박사학위(*Ph D.*)를 받음으로써 최고의 학력을 갖추게 되었다. 그리고 평균수명이 극히 짧았던 시대인데도 그는 90세로 장수했다.

그 때문에 그는 우리 근현대사에 너무나 많은 흔적을 남길 수 있었다. 그것은 역사적 인물 5명의 생애에 해당된다고 할 정도로 폭넓은 것이었다. ① 독립협회를 통한 애국계몽운동, ② 미국 망명과 독립 운동, ③ 해방 후의 건국 운동, ④ 6·25 남침을 막은 전쟁 지도, ⑤ 대통령으로서의 통치행위. 이것들은 모두 제각기 한 역사적 인물의 업적이 되기에 충분한 것이었다.

따라서 이 책은 제한된 지면 때문에 그의 업적을 충분히 제시할 수 없었다. 그럼에도 불구하고 그의 생애가 한국인들에게 어떤 역사적 의미를 가지고 있는지에 대해 그 윤곽이나마 제시되었다면 다행으로 생각한다.

2014년 8월

이주영(李柱郢)

과거 보던 청년이 개화파가 되다

청소년기에 문명충돌을 경험하다

우남 이승만(雩南 李承晚, Syngman Rhee, 1875~1965)은 일본의 조선 침략이 시작된 운요호(雲揚號) 사건이 일어난 1875년에 태어났다. 태어난 곳은 황해도 평산군이지만, 두 살 때 서울에 올라와 남대문 밖에 살았기 때문에 그는 평생 서울 사람으로 통했다. 그래서 나중에 독립 운동을 할 때도 그는 서북파가 아닌, 기호파로 분류되었다.

이승만은 조선 태종의 맏아들 양녕대군의 다섯째 아들인 장평부정(長平副正)의 후손이었다. 양녕대군은 세자 책봉을

아버지와 함께(오른쪽)

받았지만 왕의 자리를 동생인 세종에게 넘겨줄 수밖에 없었던 비운의 왕자였기 때문에 그 후손들도 빛을 보지 못했다. 이승만의 집안도 가난했고, 그에 따라 이승만은 조선왕실에 대한 반감이 강했다.

이승만이 청소년기를 보낸 19세기 말에 조선왕국은 지금까지 해 온 대로 중국의 대륙문명권(大陸文明圈)에 그대로 남느냐, 아니면 서양의 해양문명권(海洋文明圈)에 새로이 편입되느냐 하는 중대한 갈림길에 서 있었다. 그에 따라 지식인들도 양쪽으로 갈렸다.

하나는 개화파(開化派)로서 서양의 선진문명을 배워 부국강병을 이룩하자는 진보 세력이었다. 그들의 대부분은 김옥균, 박영효처럼 국가 주도로 빨리 근대화하던 일본의 국가주의에 매력을 느끼는 사람들이었지만, 유길준, 윤치호처럼 미국의 자유주의와 민주제도에 매력을 느끼는 사람들도 있었다.

다른 하나는 위정척사파(衛正斥邪派)로서 밀려오는 해양

세력에 대항해 전통적인 가치와 체제를 지키려는 보수 세력이었다. 그들의 반(反)외세적 민족주의는 동학교도 등 과격한 농민들의 민중주의와도 통했다.

이러한 갈림길에서 청년 이승만은 어느 한쪽에 속해야 할 운명이었다.

배재학당 입학으로 개화파가 되다

이승만 부모의 유일한 희망은 아들이 과거시험에 합격해서 가난한 집안을 일으키는 것이었다. 그 때문에 이승만은 아주 어린 나이부터 과거를 보게 되었다. 그러나 당시의 과거제도는 너무나 부패했기 때문에 일반 평민은 실력이 있어도 합격할 가능성이 없었다. 그것마저도 1894년의 갑오경장으로 폐지되자, 19세의 이승만은 삶의 목표를 잃게 되었다.

방황하던 이승만에게 출구를 터 준 것은 배재학당(培材學堂)이었다. 그것은 미국 북감리교 선교사인 아펜젤러(H.G. Appenzeller, 1858~1902)가 세운 최초의 신식학교였다. 이승만은 서당 친구가 강하게 권유하는 바람에 영어나 배운다는 가벼운 마음으로 1895년 4월에 입학했는데, 집에는 알리지도 않았다.

영어를 배우면서 이승만은 서양문명에 대해 흥미를 느꼈

다. 미국인 교사들을 찾아다니며 궁금한 것을 자주 묻다 보
니 영어가 빨리 늘었다. 그래서 6개월 만에 신입생들에게 초
보 영어를 가르치는 조교가 되었다. 그리고 새로 도착한 미
국인 선교사에게 한국어를 가르치게 되면서, 영어는 생계수
단이 되었다. 그가 선교사로부터 교습비로 처음 받은 20달러
의 큰돈을 내놓자 가족들은 그저 놀랄 뿐이었다.

서양문명에서 '정치적 자유'의 개념을 배우다

　배재학당을 중심으로 활동한 서양 선교사들은 박사학위
를 가진 높은 수준의 지식인들이 많았고, 이승만은 그들과
가깝게 지내면서 서양문명을 배웠다. 제중원 의사로서 나중
에 연희전문학교 교장이 된 에비슨(O.R. Avison, 1860~1956)과
는 일요일 예배가 끝난 뒤에 고정적으로 만났다. 한국 문화
에 관심이 컸던 게일(James S. Gale, 1863~1937)과 헐버트(Homer
B. Hulbert, 1863~1949)와도 자주 만났다.

　이승만이 선교사들로부터 배운 서양문명의 핵심은 '정치
적 자유'의 개념이었다. 모든 사람은 자유롭고 평등하다는
자유주의 사상, 그리고 국민은 정부를 선택할 권리를 갖는다
는 민주주의 사상은 군주제와 신분제밖에 모르던 이승만에
게는 큰 충격이었다.

이승만은 낡은 체제의 인습으로부터 벗어난다는 상징적인 표시로 상투부터 자르려 했다. 그는 조상의 위패 앞에 엎드려 시대변화에 따르겠다는 선고식을 마치고 제중원으로 가서 에비슨의 도움으로 상투를 잘랐다. 당시로서 그것은 너무나 파격적인 행동이었기 때문에 그는 며칠 동안 집에 갈 용기를 갖지 못했다.

배재학당에서 이승만은 위대한 개화파 서재필을 만났다. 서재필은 1884년의 갑신정변에 가담했다가 미국으로 망명해 의사가 된 혁명가였다. 그는 조선왕실의 역적이었지만, 청일 전쟁 후 박영효, 유길준 등의 개화파 정권이 들어섰기 때문에 1895년 서울에 올 수 있었다.

배재학당 강사로서 서재필은 학생들에게 토론과 다수결로 합의를 이끌어 내는 민주주의 방식을 가르쳤다. 그의 영향으로 학생들은 '협성회(協成會)'를 조직했고 이승만은 그 기관지인 「협성회보」의 편집장이 되었다.

당시 무능한 조선왕국은 강대국들에게 자주성을 잃어갔기 때문에 협성회 회원들은 정부에 대해 비판적인 입장이 되었다. 그들은 1896년에 서재필의 독려로 '독립협회'가 조직되자 적극 참여했다.

을미사변으로 정치에 얽히기 시작하다

무력한 조선왕실은 독립 유지가 어려워지자 러시아에 의존하려 했다. 일본이 중국(청)으로부터 빼앗은 요동반도를 러시아의 압력으로 포기하는 것을 보고 내린 결정이었다. 그것을 막기 위해 일본은 1895년 10월 불량배들을 경복궁으로 들여보내 실권자인 왕비를 살해하고 고종을 감금했다(을미사변).

이때 일부 군인들이 경복궁에 갇힌 고종을 러시아 공사관으로 탈출시키려다가 실패해 처형당한 사건이 일어났다(춘생문 사건). 이승만의 친구인 이충구가 주동자의 한 사람이었으므로 몸을 피해야 했다.

이승만은 여성 의료선교사인 조지아나 화이팅(Georgiana E. Whiting)의 도움으로 머리에 붕대를 감은 여성 환자로 변장해 서울을 벗어나 황해도 평산의 누님 집에 숨었다.

그러나 1896년 2월 고종이 일본군의 감시망을 뚫고 러시아 공사관으로 피신하고(아관파천) 러시아와 미국에 호의적인 정권이 들어서게 되어, 이승만은 3개월 만에 서울로 돌아와 학업을 마칠 수 있었다.

1897년 7월 이승만은 배재학당을 졸업했다. 당시 배재학당 졸업식은 정부 대신들과 외교 사절들도 참석하는 거창한 행사였다. 이승만은 졸업생 대표로 "조선의 독립"이란 제목으로 유창한 영어 연설을 했고, 감동한 외국인 참석자들은 그를 장래의 지도자로 생각하게 되었다.

혁명가가 되려다 6년 옥살이

만민공동회에서 투사로 떠오르다

배재학당을 졸업한 이승만은 한글 신문인 「매일신문」과 「제국신문」을 발간하면서 독립협회에서 활동했다. 독립협회를 이끈 지도급 인사들은 서재필의 영향을 받은 이상재, 남궁억, 정교와 같은 원로 개화파들이었지만, 그 밑에는 이승만 같은 청년 개화파들이 있었던 것이다.

독립협회는 윤치호가 회장이 되면서 더욱 자유주의적이고 급진적인 것으로 변했다. 윤치호는 갑신정변 당시 개화당인 아버지를 따라 상해로 망명했다가 미국으로 건너가 밴더

빌트(Vanderbilt), 에모리(Emory) 대학에서 공부한 선각자였다. 러시아가 부산 앞바다의 절영도와 진해만을 해군기지로 사용하려 하자, 독립협회는 「독립신문」과 군중집회를 통해 러시아의 야욕과 조선 정부의 무능을 맹렬히 비판했다. 1898년 3월 10일 종로에서 제1차 만민공동회의가 열렸고, 이승만은 대중연설가로 떠오르기 시작했다.

고종 황제는 독립협회가 군주제를 폐지하고 공화제(共和制)를 도입하려 한다고 두려워했다. 그 때문에 11월 역적모의를 한다는 이유로 이상재, 남궁억, 양홍묵 등 17명의 독립협회 간부들을 체포했다(익명서 사건).

이승만은 체포를 피해 배재학당 구내에 있는 아펜젤러의 집에 숨었다가 곧 밖으로 나와 수천 명의 군중을 이끌고 경무청으로 가서 17명의 석방을 요구하는 연좌시위를 벌였다. 고종 황제는 시위대를 달래기 위해 그들을 석방하는 한편, 개화파인 민영환으로 새 내각을 구성하게 했다. 그런데도 이승만 등의 과격파가 더 철저한 개혁을 요구하는 시위를 계속하자, 고종 황제는 '황국협회' 소속의 보부상들을 동원해 덕수궁 앞의 시위 군중을 해산시켰다.

이승만은 잠시 배재학당에 숨었다가, 다시 학생들을 이끌고 종로로 나가 밤새도록 시위를 계속했다. 이승만은 쉬지 않고 선동하는 연설을 했다. 용산에서 독립협회 회원 김덕구가 피살되었다는 소식에 군중은 흥분했고, 다음 날 장례식을 치르면서 시위는 절정에 이르렀다.

역적으로 몰려 사형 직전까지 가다

1898년 11월 26일, 고종 황제는 시위대를 달래기 위해 황제의 자문기관인 중추원 의관 50명 가운데 절반을 독립협회 회원으로 임명했다. 이에 따라 윤치호는 중추원 부의장이 되고, 23세의 이승만도 의관이 되었다.

그러나 회의가 열리자마자 이승만 등 과격한 독립협회 측 의관들은 박영효 등 일본에 망명한 개화파들의 등용을 요구했다. 박영효는 갑신정변을 일으킨 역적이었으므로 조선왕실에게는 역적이었다. 분개한 고종 황제는 12월 중추원을 해산하고 독립협회 출신 의관들을 체포했다. 황제는 이승만 등이 자기를 내쫓기 위한 음모를 꾸민다고 생각했던 것이다.

이승만은 남대문 근처의 미국인 감리교 병원에 숨었다. 그로부터 보름이 지난 1899년 1월 9일, 이승만은 환자를 치료하기 위해 왕진을 나가는 의료선교사 서면(Harry Sherman) 박사의 통역으로 따라 나섰다가 즉시 체포되었다.

구속된 이승만의 안전을 확인하기 위해 1월 하순 경무청 고문인 스트리플링(A. B. Stripling)이 면회를 왔는데, 그때 따라왔던 독립협회 동지 주시경(나중의 한글학자)이 두 자루의 권총을 몰래 건네주고 돌아갔다. 이승만은 두 명의 정치범과 함께 권총으로 간수들을 위협하고 탈출했다. 한 사람은 이승만과 「매일신문」을 공동으로 발행했던 최정식이었고, 다른 한 사람은 군수 출신의 서상대였다.

두 사람은 배재학당 구내에 숨었다가 서양 여자로 변장하고 북쪽으로 도망했다. 서상대는 무사히 압록강을 넘었지만, 최정식은 진남포의 일본인 여관에서 주인의 밀고로 잡혀 서울로 끌려왔다.

5년 7개월의 감옥생활

탈옥 후 이승만은 두 사람과 헤어진 뒤 시위대가 있다는 종로로 갔다가 다시 체포되었다. 감옥에서 이승만은 매일 혹독한 고문을 당했다. 죽었다는 소문이 나서 아버지가 시신을 거두러 오기까지 했다. 24세의 이승만에게 남은 것은 죽음뿐이었다. 절망 속에서 하루하루를 보내면서 배재학당에서 들은 설교 내용을 떠올리던 어느 날, 갑자기 그는 "하나님, 내 나라와 내 영혼을 구하옵소서"라고 크게 외치며 간절히 기도하게 되었다. 그것과 함께 그는 까닭 모를 평온을 얻는 변화를 경험했다. 기독교 신앙을 갖게 된 것이다.

재판이 열려 최정식은 사형 언도를 받고 즉시 처형되었다. 이승만은 증거물로 제시된 권총이 한 발도 발사되지 않았다는 사실이 밝혀짐으로써 사형을 면했다. 그가 극형을 면한 데는 서양 선교사들과 외교관들의 압력이 크게 작용한 것이 확실해 보였다. 1899년 7월 11일, 이승만은 종신형과 함께 곤장 100대를 선고받았다.

　5년 7개월간 감옥에 있는 동안 이승만은 미국 선교사들이 넣어주는 미국의 인기 잡지 『아우트루크(Outlook)』와 영문 역사책들을 많이 읽었다. 그 때문에 그의 영어 실력과 지식 수준은 놀랄 만큼 향상되어 갔다. 영어로 말할 기회가 없

감옥생활(왼쪽 끝에 서 있는 이)

었기 때문에 회화 실력을 늘리기 위해 신약성서를 소리 내어 읽었다. 그것은 그에게 호의적인 감옥서장과 간수들의 도움이 있었기 때문에 가능했다.

그는 감옥 안에서도 익명으로 「제국신문」과 「신학월보」에 글을 실었다. 그 글의 필자가 이승만이라는 것은 웬만한 사람들이면 다 알았다. 애독자 가운데는 고종 황제의 후궁인 엄비도 있었다.

이승만은 죄수들과 간수들에게 기독교를 알렸다. 감옥 안에는 이상재, 이원긍, 김정식, 양기탁, 안국선, 유성준(유길준의 동생) 같은 독립협회 출신의 정치범들이 많았다. 이들은 양반 출신의 개화파들이었다. 이승만은 그들의 도움을 받아 죄수들을 교육하는 옥중학교를 열었다. 그리고 선교사들이 보낸 책으로 감방 도서실도 열었다.

정치범들은 지루함을 달래기 위해 이승만이 읽어 주는 성경을 들었다. 그 결과 40여 명이 기독교로 개종하는 기적이 나타났고, 그것은 서양 선교사들의 관심을 끌었다. 몇 년을 선교해도 신도 1명을 얻기 어려웠던 선교사들에게 이승만의 선교 업적은 너무나 놀라웠던 것이다.

감옥에서 『독립정신』을 쓰다

이승만이 감옥에 있는 동안 조선왕국은 망해 가고 있었다. 1904년 2월에 러·일 전쟁이 터졌다는 소식이 감옥 안에 퍼지자 정치범들은 통곡했다. 이제 조선은 이기는 나라에게 먹힐 것이 확실했기 때문이다. 감옥의 이승만이 할 수 있는 일이란 대중 계몽서인 『독립정신』을 쓰는 것이었다. 자료를 제대로 구할 수가 없었기 때문에 과거에 썼던 글들을 토대로 그의 생각을 새롭게 정리했다.

그 책에서 이승만이 강조한 것은 앞으로 조선이 멸망하지 않으려면 미국을 모델로 한 문명개화(文明開化)를 통해 부국강병(富國强兵)을 이룩해야 한다는 것이었다. 그러나 미국의 찬양은 공화제 옹호로 오해를 받아 역적으로 몰릴 수 있기 때문에 조선에는 영국과 같은 입헌군주제가 적합하다고 둘러댔다. 그러나 마음속으로는 그는 이미 공화주의자가 되어 있었다. 그것은 나중에 그가 감옥을 나와 미국 유학을 떠날 때 고종 황제의 면담요청을 거절한 사실에서도 나타났다.

문명은 종교에 달렸다

이승만은 대부분의 개화파들처럼 유교 때문에 나라가 망

했다는 유교망국론을 믿고 있었다. 그러므로 한 사회의 '생활방식'을 결정하는 요인은 종교(宗敎)이므로 조선인들이 서양 문명을 받아들이기 위해서는 서양의 종교인 기독교를 받아들여야 했던 것이다. 그러한 점에서 이승만은 오늘날의 '문명충돌론'에 도달해 있었던 것이다.

그것은 동맹국을 바꾸어야 한다는 생각과도 연결되어 있었다. 그에게 있어서 조선왕국의 전통적인 동맹국인 중국(청)은 노쇠했다. 러시아 역시 한반도에 대해 야심을 가진 음흉한 전제국가로 경계의 대상이었다. 그러한 불신감은 그가 감옥에서 러시아의 황제들에게 침략의 방법을 알려준 『표트르 대제의 유훈』이란 책자를 읽으면서 더욱더 강해졌다. 따라서 조선의 새로운 동맹국이 될 강대국은 미국뿐이었다. 미국은 강대국으로는 유일하게 '영토적 야심이 없는' 나라로 보였던 것이다.

『독립정신』 원고는 밖으로 몰래 빼내 보관되었다가, 나중에 박용만이 미국으로 갈 때 여행용 트렁크 밑바닥에 숨겨 옮겨졌다. 그리고 나서는 1910년에 로스앤젤레스에서 출간되었다.

미국 유학에서 서양 문명을 학습

대한제국의 밀사로 미국 유학길에 오르다

러·일 전쟁이 끝나면서 정치범들이 석방되기 시작했고, 그에 따라 이승만도 1904년 8월 9일 5년 7개월 만에 감옥을 나오게 되었다. 그러나 그때 대한제국은 제1차 한일협약으로 사실상 일본에 넘어간 상태였다. 그러자 고종 황제는 독립 보존의 마지막 수단으로 미국에 도움을 요청하려 했다. 1882년의 한미수호통상조약의 거중조정(居中調停) 조항을 근거로 미국이 조선을 위해 개입해 달라는 것이었다.

그러나 그때 미국인들은 시어도어 루스벨트(Theodore

Roosevelt) 대통령을 비롯해 대부분이 친일적이었다. 소수의 선교사들만이 대한제국에 동정적일 뿐이었다. 의료선교사 였다가 주한미국 공사가 된 알렌(Horace N. Allen)이 대표적인 경우였는데, 그는 대한제국 편을 들다가 공사직에서 쫓겨났다.

이승만을 아끼는 미국 선교사들은 그에게 미국 유학을 강력히 권고했다. 조선에 있다가는 또다시 감옥에 가거나 죽을 위험이 크다는 것이었다. 그의 아버지도 강하게 미국행을 권했다.

그러던 어느 날 저녁, 집에 돌아와 보니 고종 황제가 보낸 궁녀가 기다리고 있었다. 미국으로 떠나는 이승만에게 고종 황제가 밀사의 임무를 맡기려는 것 같았다. 이승만은 만나기를 거절했다. 자신을 오랫동안 감옥에 잡아 두고 나라를 망친 무능한 군주와 자리를 같이하고 싶지 않았던 것이다. 그 대신 이승만은 그를 아끼는 민영환과 한규설의 요청은 받아들여 황제의 밀사가 아닌 정부의 밀사로 떠나게 되었다.

1904년 11월 4일, 29세의 이승만은 신분을 숨긴 채 인천 항을 떠났다. 가방 밑에는 워싱턴의 주미공사관에 보내는 정부 훈령이 숨겨져 있었다. 일본 고베 항에 도착한 이승만은 미국인 선교사 로건의 도움으로 여비를 마련해 하와이로 가는 배를 탔다.

'문호개방'으로 유명한 존 헤이 국무장관을 만나다

1904년 11월 29일, 호놀룰루에 도착한 이승만은 윤병구 목사와 와드먼(John W.Wadman) 목사의 주선으로 에와 농장(Ewa Plantation)에 모인 200여 명의 한인 노동자들 앞에서 밤 늦게까지 열정적으로 연설했다. 모임은 망해 가는 조국에 대한 울분의 폭발이었다. 한인들은 스코틀랜드 민요 「올드 랭 사인(Auld Lang Syne)」의 곡조에 가사를 붙인 「애국가」를 부르고 헤어졌다.

이승만과 윤병구는 러·일 전쟁을 마무리하기 위한 포츠머스(Portsmouth) 강화회의에서 대한제국의 독립 보존을 호소해 보기로 했다. 이승만이 먼저 워싱턴으로 떠나고, 윤병구는 경비를 마련하는 대로 뒤따르기로 했다.

이승만은 한인들이 모아 준 돈으로 배표를 사서 1904년 12월 6일 샌프란시스코에 도착했다. 그러고는 대륙횡단 열차를 타고 시카고를 거쳐 1904년 12월 31일 밤 워싱턴 역에 도착했다. 아이오와 서클의 주미 대한제국 공사관에는 이미 서울의 민영환으로부터 이승만을 도우라는 편지가 도착해 있었다.

이승만은 1905년 1월 15일, 「워싱턴 포스트」와의 인터뷰에서 일본의 침략 행위를 폭로했다. 그의 영어 실력과 외교적 감각은 미국 신문기자들을 상대할 정도로 원숙해져 있었던 것이다.

2월 20일 이승만은 하원의원 딘스모어(Hugh A. Dinsmore)의 주선으로 국무장관을 만났다. 딘스모어는 주한 미국 공사로 서울에 있었기 때문에 이승만과 잘 아는 사이였다. 존 헤이(John Hay) 국무장관은 문호개방(門戶開放) 정책을 내세워 열강의 중국 분할을 막은 유명 인사였다. 존 헤이는 독실한 기독교인이었기 때문에 미국 선교사들의 선교활동에 대해 특별한 관심을 보였다.

이승만은 대한제국에 대해서도 문호개방의 원칙을 적용해 줄 것을 요청했고, 존 헤이는 최선을 다하겠다고 약속했다. 희망에 찬 이승만은 민영환과 한규설 앞으로 자세한 면담 보고서를 보냈다. 그러나 그 일은 더 이상 진행되지 않았다. 얼마 안 있어 존 헤이 장관이 병으로 사망했기 때문이다.

루스벨트 대통령과의 짧은 면담

윤병구 목사가 하와이 교민 4,000명의 독립보존청원서를 가지고 워싱턴으로 왔다. 그는 뜻밖에도 미국 대통령에게 보내는 미 육군장관 태프트(William H. Taft)의 소개장도 가지고 왔는데, 그것은 동양 순방 길에 나선 육군장관이 하와이

시어도어 루스벨트 대통령을 만날 때

에 들렀을 때 와드먼 목사의 도움으로 받아 낸 것이었다.

그때 시어도어 루스벨트 대통령은 뉴욕 동부 롱아일랜드의 오이스터 베이에 있는 별장 사가모힐에 있었기 때문에 이승만과 윤병구는 기차를 타고 그곳으로 갔다. 청원서와 육군장관의 소개장을 제시했지만, 면담 가능성은 없어 보였다. 그러나 뜻밖에도 그날 저녁 비서로부터 다음날 오후에 오라는 연락을 받았다.

1905년 8월 5일, 두 사람은 외교관 정장을 빌려 입고 별장에 도착했다. 대통령은 포츠머스 회담에 참석할 러시아 대표단과 약속이 있었기 때문에 면담 시간은 짧았다. 대통령은 하와이 한인들의 청원서를 훑어보고는 워싱턴의 대한제국 공사관을 통해 미 국무부에 정식으로 제출하라고 했다.

대통령의 친절에 감동한 두 사람은 희망에 들떠 워싱턴의 공사관으로 가기 위해 서둘러 기차역으로 갔다. 너무 흥분

해서 숙박료로 20달러의 큰돈을 내고도 거스름돈 받는 것을 잊어 호텔 직원이 기차역까지 쫓아오는 소동까지 벌어졌다.

조지 워싱턴 대학교에서 하버드 대학교로

워싱턴에 도착한 두 사람은 「워싱턴 포스트」에 그들의 대통령 면담 기사가 난 것을 보고 힘을 얻었다. 그러나 대한제국 공사 김윤정의 태도는 차가웠다. 서울로부터 훈령을 받지 않고서는 청원서를 미 국무부에 보낼 수 없다는 것이었다. 그는 이미 조선의 멸망을 예상하고 일본 공사관과 내통하고 있었던 것이다. 다음 날도 찾아갔지만, 김윤정은 문도 열지 않은 채 당장 가지 않으면 경찰을 부르겠다고 위협했다.

11월에 이승만은 을사조약의 강요로 대한제국이 외교권을 빼앗겼다는 소식을 들었다. 서울의 민영환으로부터 그동안의 노고를 치하하는 편지와 함께 활동비 130달러가 왔다. 그 후 민영환이 망국의 한을 품고 자결했다는 소식이 들려왔다. 이승만은 사흘 동안 통곡을 했다.

이때 이승만은 조지 워싱턴 대학교의 콜롬비안 학부(Columbian College)에 입학해 있었다. 1905년 2월, 그는 배재학당의 학력을 초급대학 과정으로 인정받아 2학년 2학기로 편입한 것이다. 그는 등록금은 장학금으로 되었지만, 생활비

조지 워싱턴 대학교 재학 시절

는 여러 곳의 YMCA와 교회에서 강연을 통해 벌어야 했다. 강연 내용은 조선에서 미국인 선교사들이 선교활동을 하면서 겪는 문화적 갈등에 관한 것이었는데, 흥미가 있어서 「워싱턴 포스트」 등 여러 신문에 보도되기도 했다.

조지 워싱턴 대학교에서 그가 들은 강의 가운데는 교양과목이 많았다. 서양이 근대화하게 된 이유를 알고 싶었기 때문에 유럽사와 미국사에 관심이 많았다. 그러나 성적은 그리 좋지 못했다. 강연으로 시간과 정력을 많이 빼앗긴 데다 제대로 먹지 못했기 때문이다. 게다가 그는 박용만이 데리고 온 단 하나의 혈육인 어린 아들을 병으로 잃는 슬픔을 겪었다.

어떻든 그는 1907년 6월 졸업장을 받을 수 있었다. 그에게 계속 관심을 보여 온 「워싱턴 포스트」는 졸업식에서 이승만이 가장 많은 박수를 받았다는 기사를 실었다.

하버드 대학교 석사과정 시절(뒷줄 왼쪽끝)

스티븐스 사건으로 하버드 대학교를 떠나다

이승만은 미국사와 유럽사를 더 공부하기 위해 1907년 9월 하버드 대학교 석사과정에 입학했다. 강연에 나가는 것을 제외하고는 공부에만 전념했기 때문에 1년 안에 석사학위에 필요한 모든 과정을 끝내고 논문 제출만 남겨 놓았다.

그때 학업을 중단케 만든 사건이 일어났다. 1908년 3월, 샌프란시스코에서 교포 장인환이 일본의 조선 침략을 찬양하던 미국인 고문 스티븐스(Durham W. Stevens)를 권총으로 살해한 것이다. 일본의 침략행위를 잘 몰랐던 미국인들은 그

것을 단순한 살인 사건으로 보
고 한국인을 '테러리스트'로
비난했다.

이 사건의 직접적인 피해자
가 이승만이었다. 지도교수는
면담조차 허락하지 않았다. 이
탈리아 통일 운동에 관한 석사
논문을 조교에게 제출했지만,
지도교수로부터 심사에 관한

프린스턴 대학교에서
박사학위를 받고

말이 없었다. 갑자기 이승만은 외톨이가 되었고 결국 하버드
를 떠났다. 나중에 추가 과정을 이수하고 석사학위를 받기는
했지만, 2년이 지난 1910년 2월에 가서야 가능했다.

프린스턴 대학교에서 윌슨을 만나다

하버드를 떠난 이승만은 컬럼비아 대학교에 입학할 생각
으로 활동무대를 뉴욕으로 옮겼다. 그러던 어느 날 장로교
해외선교부에서 한국 선교사로 있었던 어니스트 홀(Ernest
Hall) 목사를 만났다. 홀은 그에게 뉴저지의 프린스턴 대학교
(Princeton University)를 추천했고, 다음 날 이승만은 홀 목사로
부터 기차표가 든 속달편지를 받았다.

프린스턴 대학교는 이승만에게 대학원 정치학과 입학을 허락하고, 프린스턴 신학대학원은 기숙사를 무료로 제공해 주었다. 이에 따라 이승만은 1908년 9월 학기부터 2년 동안 학비와 생활비 걱정 없이 공부에만 전념할 수 있었다.

정치학과 교수이자 총장인 우드로 윌슨(Woodrow Wilson)은 이승만을 자주 집으로 초대했고, 사람들에게 대한의 독립을 되찾을 유능한 지도자라면서 강연 연사로 추천했다. 이승만은 윌슨의 가족과도 가까워졌는데, 그중 둘째딸 제시는 훗날 윌슨이 정치인이 되었을 때 여러 차례 만나게 해 줄 정도로 가까워졌다. 윌슨은 뉴저지 주지사를 거쳐 대통령에 당선되었다.

프린스턴 대학교에서 이승만은 국제법과 외교사를 전공했다. 그러고는 1910년 6월 「미국의 영향을 받은 중립(Neutrality as Influenced by the United States)」이란 논문으로 박사학위를 받았다. 그 논문은 1912년에 프린스턴 대학교 출판부에서 출판되었는데, 제1차 세계대전으로 전시중립 문제가 중요하게 떠오르면서 학계의 관심을 끌었다.

식민지가 된 서울에서 YMCA 활동

박사학위를 받은 지 두 달이 되는 1910년 8월 29일에 대한제국이 일본에 합병되었기 때문에, 이승만은 돌아갈 나라가 없었다. 그때 서울의 기독청년회(YMCA)로부터 돌아와서 교육 사업을 맡아달라는 연락이 왔다.

1910년 9월 3일, 그는 일본의 식민지가 된 한반도로 돌아가기 위해 뉴욕에서 영국 리버풀로 가는 배를 탔다. 귀국길에 대서양 항로를 택한 것은 유럽문명을 관찰하기 위한 것이었다. 이승만은 런던, 파리, 베를린, 모스크바를 거쳐 시베리아 횡단철도를 타고 만주에 도착했다. 한반도로 들어올 때 그는 일본인 관리들에게 심사를 받는 슬픔을 맛보아야 했다.

10월 10일, 이승만은 서울역에 도착했다. 귀국하자마자 그는 자신을 아들처럼 아껴 주던 이상재부터 찾았다. 이상재는 한성감옥에 있을 때 이승만의 영향으로 기독교로 개종한 후 YMCA를 중심으로 활동하고 있었다.

이승만은 서울 YMCA의 학생부 간사와 청년학교 학감으로서 강연하고 성경을 가르쳤다. 당시 이승만의 학력은 조선 최고였기 때문에 수많은 청년이 그를 따랐다. 그에 따라 임병직, 윤치영, 이원순, 허정 등이 그의 영향을 받아 미국 유학을 떠났다.

이승만이 청년들에게 가르친 것은 미국의 자유주의와 기독교 문명이었다. 1911년에 두 차례 전국 순회강연을 하면서 그의 명성은 절정에 이르렀다. 그러자 그는 일본 헌병들의 감시 대상이 되었다. 일제가 개신교 민족주의 운동을 파괴하기 위해 '105인 사건'을 조작했을 때는 체포 대상이 되었다.

이때 이승만이 체포되지 않았던 것은 미국 선교사들의 보호 때문이었다. 조선 YMCA의 질레트(Philip Gillett)와 일본 YMCA의 존 모트(John Mott), 일본의 감리교 감독 해리스(Merriman Harris), 장로교 해외선교부의 아서 브라운(Arthur Brown), 하버드 대학교 총장 찰스 엘리엇(Charles W. Eliot)은 미국에서 잘 알려진 이승만이 체포되면 외교적 마찰이 일어날 것이라고 일본에 경고했던 것이다.

그러나 미국인들이 이승만을 계속 보호해 줄 수는 없는 것이므로, 그를 아끼는 사람들은 조선을 떠날 것을 권고했다. 마침 1912년 5월에 미국 미니애폴리스에서 미국 감리교회 4년 총회가 열리자 그들은 이승만이 조선대표로 참석하도록 도와주었다. 그에 따라 이승만은 37세가 되는 1912년 3월 26일에 미국으로 떠났다. 언제 돌아올지 알 수 없는 두 번째 망명길이었다.

변함없는 외교독립론의 신념

하와이를 독립 운동 기지로 삼다

1912년 3월 26일, 이승만은 37세 생일에 YMCA에서 하던 일을 그만두고 서울을 떠났다. 미국에서 온 지 1년 6개월 만이었다. 그는 부산에서 배를 타고 일본의 가마쿠라에서 열린 기독학생 모임에 참석하고 도쿄 YMCA에서 유학생들에게 연설했다. 그러고는 미국 감리교회 4년 총회가 열리는 미국으로 떠났다.

미네소타 주의 미니애폴리스에서 한 달간 열린 미국 감리교회 4년 총회에서 이승만은 연설 기회를 얻었다. 그는 조선이 비록 나라는 잃었지만 그 교회는 일본 교회로부터 독립된 상태로 인정받아야 한다고 주장했다. 그러나 서양인 참석자들은 그렇게 되면 일본의 방해로 선교 활동이 어려워진다며 반대했다.

1912년 5월 말에 총회가 끝나자 이승만에게 남은 것은 허탈감뿐이었다. 돌아갈 나라도 없었다. 6개월 동안 이승만은 할 일을 찾기 위해 미국 각지를 돌아다녔다. 1912년 6월, 프린스턴 대학교 은사로 뉴저지 주지사인 윌슨을 두 차례 만날 수 있었다. 윌슨의 둘째딸 제시의 도움으로 뉴저지 주 시거트의 별장 가족 모임에 초대를 받았기 때문이다. 윌슨이 민주당 전당대회에서 대통령 후보로 지명되는 것을 참관하기도 했다.

갈 곳 없이 방황하고 있을 때, 하와이에서 한인교육을 맡아 달라는 반가운 소식이 왔다. 그곳에는 감옥 동지 박용만과 오랜 친지인 와드먼 목사가 있었다. 이승만은 1913년 2월 호놀룰루에 도착했다. 그리고 와드먼 목사가 운영하던 감리교 계통의 한인기숙학교를 물려받았다. 그곳은 한국의 역사와 지리, 한문도 가르치는 6년제 남자학교였다.

하와이 한인기독학원

한인기독학원과 한인기독교회를 세우다

이승만은 교민들의 생활 실태를 파악하기 위해 하와이의 여러 섬을 찾았다. 교민들은 파인애플 농장에서 낮은 임금과 고된 노동으로 힘들게 살고 있었다. 외딴 농장에 떨어져 살았기 때문에 자녀 교육이 가장 큰 문제였다. 여자 아이들은 교육받을 생각조차 못했다. 이승만은 우선 자기 돈으로 소녀들을 호놀룰루로 데리고 가서 미국인 보육원에 맡겼다. 그런 다음, 교포들의 모금으로 기숙사를 갖춘 '한인기독여학원'을 세웠다.

그러나 감리교 감리사로 와드먼 목사 후임으로 프라이

(William Fry) 목사가 부임하면서 문제가 생기기 시작하였다. 새 감리사가 교단의 방침에 따라 한인, 중국인, 일본인 구분 없이 미국 시민으로 만들기 위한 인종통합 교육을 시키려 했기 때문이다.

그렇게 되면 한인 학생들의 민족 교육은 불가능했으므로 1916년 가을, 이승만은 미국 감리교 선교부와 손을 끊는 용단을 내렸다. 그리고 나서는 교민들의 모금으로 기숙사를 갖춘 한인기독학원(Korean Christian Institute)을 세웠다. 이것은 한인 최초의 남녀공학제 학교였다.

그는 한인 교육과 독립 운동을 후원하기 위해 한인기독교회(Korean Christian Church)도 세웠다. 그것은 미국의 어떤 교

이승만의 독립 운동 기지, 한인기독교회

단에도 속하지 않은 독립교회로 남았는데, 만일 어느 교단에 속하게 되면 교회 재산이 교단에 속하게 될 뿐만 아니라 교단의 방침에 따라야 하기 때문이었다.

그 사이에 이승만은 서울에 있을 때 겪은 '105인 사건'을 분석한 『한국교회핍박』을 펴냈다. 이 책에서 그는, 일본이 한인 기독교인들을 탄압하게 된 것은 교회가 자유주의 사상을 퍼뜨려 일본의 군국주의 체제를 무너뜨릴 것을 두려워했기 때문이라고 주장했다. 그리고 교회가 노름, 주색잡기, 담배를 금지하는 청교도적 윤리를 강조함으로써 한인들을 도덕적으로 건전하게 만들 것을 우려했기 때문이라고 주장했다.

이승만은 교포들에게 국내외 소식을 알리고 민족의식을 일깨우기 위해 『태평양잡지(태평양주보)』를 발간했다. 그리고 1921년에는 자신의 독립 운동 사업을 돕도록 '대한인동지회(大韓人同志會)'를 조직했다. 하와이에 본부를 둔 동지회는 미국 본토 각지에 지부를 두면서 이승만을 종신총재로 선출할 정도로 그에 대한 충성심을 보였다.

독립의 길은 무장투쟁이 아닌 외교에 있다

하와이에서 이승만은 독립 운동 노선 문제로 일부 한인들과 갈등을 겪었다. 하와이에는 미국 전체 한인의 4분의 3이

살았기 때문에 재정문제 등을 둘러싸고 주도권 싸움이 일어날 수밖에 없었다.

최초의 도전자는 무장투쟁론을 주장한 박용만이었다. 그는 외진 숲에 한인 청년들을 모아 목총을 들고 군사훈련을 시켰다. 그러나 외교독립론(外交獨立論)을 주장하는 이승만의 입장에서 보면, 무장투쟁은 한국인들을 '테러리스트'로 보이게 할 뿐만 아니라 미국법을 어기는 것이기도 했다. 한인들의 독립은 강대국의 힘을 빌어야 가능한 것이므로 지금은 미국 정부와 그 국민의 지지를 얻어 두는 것이 중요하다고 주장했다.

이승만은 한인들의 독립 의지를 외국인들에게 보여 줄 거대한 군중시위는 필요하다고 생각했다. 그 때문에 이승만은 의료선교사 알프레드 샤록스(Alfred M. Sharrocks)를 통해 국내 기독교 지도자들에게 그러한 뜻을 전달했다. 샤록스는 평안북도 선천의 미동병원을 운영하는 의료선교사로 안식년을 맞아 미국에 왔다가 이승만을 만났다. 이승만의 생각은 국내의 기독교 지도자들에게 전달되어 3·1 운동의 민족 대표 33인 가운데 기독교인이 16명을 차지할 정도로 영향을 주는 데 기여하였다. 또한 그의 생각은 미국 유학을 왔다가 서울로 돌아가는 여운홍(여운형의 동생)을 통해 송진우 등의 민족 지도자들에게도 전달되었다.

이승만의 외교독립론은 홍사단을 중심으로 한 안창호의 무실역행론(務實力行論)과도 충돌했다. 안창호는 하와이에서 활동하지는 않았지만 그 지역 교민들에게 큰 영향을 미치고 있었다. 두 사람은 실력양성론자였다는 점에서 노선이 비슷했지만, 이승만은 서울과 경기도 중심의 기호 지방 출신들의 지지를 받은 데 비해 안창호는 평안도 중심의 서북 지방 출신들의 지지를 받았다는 점에서 지역적인 차이를 보였다.

두 사람은 이념에서도 약간의 차이를 보였다. 안창호는 민족을 단결시키기 위해서는 사회주의자들도 끌어안아야 한다는 좌우합작론자(左右合作論者)였지만, 이승만은 민족분열자인 공산주의자들과는 손을 잡을 수 없다는 반공주의자(反共主義者)였던 것이다.

위임통치 청원 문제로 비난을 받다

1918년 1월, 미국 대통령 윌슨은 제1차 세계대전을 마무리하기 위한 평화조약 체결의 원칙으로 민족자결주의(民族自決主義)를 내세웠다. 그에 따라 피압박 민족들이 독립의 희망을 갖게 되었다.

이승만은 1919년 초에 열리게 될 파리 평화회의(Paris Peace Conference)에 참석하여 한인들의 독립을 호소하려 했다. 월

슨이 회의를 주재할 것이므로, 자신의 호소가 먹혀들 것도 같았다. 그러나 윌슨은 이승만이 파리에 오지 않는 것이 좋겠다는 의견을 간접적으로 보내왔다. 한인 대표가 나타나면 일본의 항의로 골치 아픈 일이 일어날 것이기 때문이다. 그 때문에 이승만은 미국 정부로부터 여권조차 발급받지 못했다.

이승만이 좌절감으로 몸져누웠을 때 정한경이 위임통치 청원서를 만들어 왔다. 장차 완전 독립을 보장해 주는 조건으로 한반도를 당분간 국제연맹의 위임통치(委任統治) 아래에 두어 달라는 청원서였다. 사실 그것은 실현 가능성이 없는 것이었지만, 이승만과 정한경은 그렇게라도 해서 한인의 독립 의지를 국제사회에 알려야 한다고 생각했다.

국내에서 3·1 운동이 일어난 것을 모르는 이승만과 정한경은 1919년 3월 3일 청원서를 미국대표단에게 보냈다. 그러나 미국대표단은 그것을 파리 평화회의에 제출조차 하지 않았다. 그런데도 그것은 이승만에게 큰 고통을 가져다 주었다. 그에게 비판적인 일부 한인들이 그가 독립운동을 포기한 것으로 비난했기 때문이다.

서재필과 함께 필라델피아 한인대회를 열다

답답한 날을 보내고 있던 이승만은 1919년 3월 10일 국내에서 3·1 운동이 일어났다는 기쁜 소식을 들었다. 소식을 듣기 전부터 이승만은 서재필과 함께 한인들의 독립의지를 알릴 한인대회를 준비하던 터였다. 4월 14일부터 사흘 동안 미국판 3·1 운동인 대한인 총대표회의가 열렸다. 미국 전역으로부터 150여 명의 한인들과 미국인들이 필라델피아 중심부의 '소극장'에 모였다. 연방상원 의원들인 셀던 스펜서와 조지 노리스(George W. Norris)가 격려 연설을 해주었다.

회의가 열리는 도중 이승만은 상해에서 4월 13일 한인들의 임시정부가 선포되고 그가 수반(대통령이 없는 상태의 국무총리)이 되었다는 소식을 들었다. 그에 따라 필라델피아 회의는 단순히 독립을 선언하는 자리를 넘어 건국을 논의하는 자리로 바뀌었다. 한인대회는 미국이 독립할 당시에 조직되었던 제1차 대륙회의를 모방하여 '제1차 한인의회(First Korean Congress)'로 이름을 바꾸게 되었다. 그것은 '한인의 목표와 열망'이란 결의문에서 앞으로 세워질 국가가 미국의 대통령중심제와 자유민주체제를 모범으로 할 것을 결의했다.

대회 마지막 날 참석자들은 태극기와 성조기를 양손에 들고 '독립기념관'을 향해 시가행진을 벌였다. 군악대가 앞에 서고 필라델피아 시장도 참가했다. 독립기념관에 도착한 이승만은 3·1 운동 당시 서울에서 발표되었던 '독립선언문'을 낭독했고, 참가자들은 "대한민주국 만세! 미국 만세!"를 외쳤다. 이승만은 조지 워싱턴이 사용했던 의자에 앉아 기념 촬영을 했다. 이승만에게는 상해 대한민국 임시정부 임시대통령 취임식이 된 것이다.

상해 통합 임시정부의 초대 임시대통령이 되다

1919년의 3·1 운동 직후 한반도 안팎에는 여러 개의 임시정부가 나타났고, 그 모두에서 이승만은 중요한 자리에 추대되었다. 그 가운데서 이승만은 4월 23일 서울에서 선포된 한성(漢城) 임시정부의 집정관 총재를 가장 마음에 들어 했다. 그것은 전국 13도 대표들이 비밀리에 모인 국민대회에서 조직됨으로써 정통성이 있는 것으로 알려졌기 때문이다. 조직의 주역은 이규갑 등의 기독교인들이었고 그 배후는 이승만을 아들처럼 아끼던 이상재였던 것으로 알려졌다.

이승만은 한성 임시정부의 집정관을 대한공화국의 대통령으로 부르면서 1919년 6월부터 공식 활동에 들어갔다. 그는 미국, 영국, 등의 국가 원수들과 파리 평화회의 의장에게 한인들의 정부가 세워졌음을 알렸다. 그리고 나서는 워싱턴에 대한공화국 공사관을 설치해 활동 본부로 삼고, 그것을 후원하기 위해 서재필과 함께 미국인들로 구성된 한국친우회 (League of the Friends of Korea)를 조직했다.

임시 대통령의 상해 도착 환영식

　이승만은 1920년 3월에 연방상원 의원 찰스 토머스(Charles S. Thomas)와 존 쉬로스를 움직여 한국 독립 승인안을 아일랜드 독립 승인안과 함께 미 연방의회 본회의에 상정하도록 했다. 부결되기는 했지만, 이승만의 외교독립론이 실천에 옮겨지기 시작했다는 데 의미가 있었다.

　1919년 9월 상해에서는 한성, 상해, 러시아령의 3개 임시정부를 하나로 묶은 통합(統合) 대한민국 임시정부가 출범했다. 통합의 중심축은 한성 임시정부였다. 여기서 이승만은 대통령을 맡고, 이동휘는 국무총리, 안창호는 노동국 총판, 김구는 경무국장을 맡았다.

국적 없는 독립운동가의 외로운 투쟁

임시대통령직을 수행하기 위해 상해로 밀항

이승만은 임시대통령으로 추대되었지만 미국에 그대로 머물면서 상해와는 전문을 통해 대통령직을 수행하였다. 그는 대통령 직권으로 워싱턴에 구미위원부(Korean Commission to Europe and Korea for the Republic of Korea)를 설치하여 외교업무를 담당하도록 했다. 그에 따라 임시정부의 업무가 상해와 워싱턴에 나뉘게 되었다.

그러자 상해에서는 대통령이 현지에 부임해야 한다는 요구가 거세게 일어났다. 이승만은 내키지 않았지만 비서인 임병직과 함께 중국에 가기로 결정했다. 일본이 그의 체포에 30만 달러의 현상금을 걸었기 때문에 하와이로 간다고만 소문을 냈다. 하와이에서 그는 미국인 친구 보스윅의 도움으로 일본을 거치지 않고 중국으로 가는 배를 몰래 찾았다. 선장과 보스윅 사이에는 미리 양해가 되어 있었다.

1920년 11월 15일 저녁 두 사람은 배표도 없이 몰래 중국행 화물선에 올랐다. 두 사람은 갑판 밑 창고에 숨었는데 그곳에는 고국으로 운반되는 중국인 시신을 넣은 관들이 쌓여 있었다. 발각될지 모른다는 불안감에다 불쾌한 냄새로 극심한 고통을 겪었다.

배가 항구를 멀리 벗어난 다음 날 밤 두 사람은 갑판으로 나갔다. 그들을 발견한 항해사는 중국인 아버지와 아들이 돈이 없어 몰래 배를 탄 것으로 생각하고 선장에게 끌고 갔다. 선장은 모르는 척하고 야단을 친 다음, 무임 승선에 대한 처벌로 노동을 명령했다. 젊은 임병직은 청소를 맡고, 나이 든 이승만은 망보는 일을 맡았다. 20일간의 항해 끝에 배는 12월 5일 상해에 도착했다. 두 사람은 일본 경찰의 체포를 피하기 위해 중국인 노무자들 틈에 끼어 통나무를 메고 육지로 내렸다.

무장투쟁론자들로부터 혹독한 비판을 받다

그로부터 5개월 동안 이승만은 임시대통령으로서 프랑스 조계(租界)에 있는 임시정부 청사에서 일을 보았다. 그것은 고통의 연속이었다. 임시정부는 재정적으로 궁핍했을 뿐만 아니라, 지역과 이념으로 심한 갈등을 겪고 있었기 때문이다.

공산주의자인 국무총리 이동휘는 이승만에게 물러나라는 말부터 했다. 무장투쟁론자인 그는 만주나 연해주로부터 국내에 무장대를 침투시켜 일본인 관공서를 폭파하고 임시정부를 소련 땅으로 옮겨야 한다고 주장했다. 이에 대해 외교독립론자인 이승만은 무모한 무장투쟁은 한인의 희생만 늘릴 것이라며 반대했다.

그러나 중국의 독립 운동가들 속에서는 무장투쟁론이 우세했기 때문에 이승만은 수세에 몰렸다. 북경으로부터 그를 살해하기 위해 의열단이 파견된다는 소문도 들렸다. 이동휘는 자기 뜻이 관철되지 않자 국무총리 자리를 내놓고 연해주로 떠났다. 뒤이어 학무총장 김규식, 군무총장 노백린, 노동국총판 안창호도 사퇴했다. 여운형과 안창호는 집회를 열고 이승만의 외교독립론이 독립정신에 어긋나는 것이라고 성토했다. 임시정부는 무너질 것 같았다.

워싱턴 군축회의에서 실험대에 오른 외교독립론

이승만은 골치 아픈 상해를 떠나려고 했다. 그때 마침 미국이 태평양 지역에 이해관계를 가진 9개국에게 워싱턴 군비축소 회의를 제의하자, 이승만은 그 회의에서 독립을 호소해야 한다며 미국으로 가려 했다.

1921년 5월 28일 이승만은 상해를 출발해 마닐라를 거쳐 호놀룰루에 도착했다. 그를 환영하기 위해 부두에 나온 수많은 교민들을 보자, 이승만은 상해에서 입은 마음의 상처를 달랠 수 있었다.

워싱턴 군축회의의 이승만과 서재필

워싱턴 군축회의는 1921년 10월부터 1922년 1월까지 열렸다. 이승만은 임시정부의 전권대사 자격으로 서재필, 정한경과 함께 회의장에 나타나 독립청원서를 제출했다. 그들은 각국의 대표들과 기자들에게 한반도가 독립국이 되어 일본을 견제해야만 태평양 지역에 평화가 온다고 역설했다. 그러나 임시정부 대표단은 회의에 참석조차 하지 못했다. 대한민국 임시정부가 국제적으로 승인받은 기구가 아니라는 이유였다. 이승만은 새삼스럽게 '힘의 정치'가 국제사회를 지배하고 있음을 느꼈다.

그러나 한국인들에게 동정하는 외국인들도 있었다. 대표적인 인물이 영국의 저명한 기자이며 문필가인 웰즈(H. G. Wells)였다. 웰즈는 다른 초청을 거절하면서까지 이승만을 만났다. 그리고 이승만의 완충국론에 동조했다.

이승만의 외교독립론이 결실을 얻지 못하자, 그의 영향력은 크게 줄어들었다. 그러자 이승만은 워싱턴의 구미위원부를 임병직에게 맡기고 하와이로 돌아와 '한인기독학원'과 '한인기독교회'의 운영에 전념했다.

상해에서는 이승만 퇴진 운동이 더욱더 거세졌다. 1925년 3월 마침내 안창호 세력이 우세한 임시의정원은 이승만 탄핵안을 통과시켰다. 그리고 나서는 워싱턴의 구미위원부를 폐지하고 그 임무를 안창호 세력이 우세한 국민회 중앙총회로 넘겼다. 그에 따라 이승만은 상해 임시정부와의 공식적인 관계가 끊어졌다.

제네바 국제연맹 총회에서 독립을 호소

그러나 상해 임시정부에서 김구가 등장하면서 이승만과의 관계가 좋아졌다. 그러므로 1933년 일본의 만주 침략을 규탄하기 위해 국제연맹 총회가 열렸을 때, 이승만은 임시정부의 대표로 한인들의 독립을 호소하기 위해 스위스의 제네바로 가게 되었다. 비용은 하와이 교민들이 부담했다.

제네바에서 이승만은 각국의 대표들과 기자들에게 한인 독립 문제를 회의 의제로 채택해 줄 것을 호소했다. 한인 국가가 세워져 일본을 견제케 해야만 동양평화가 유지될 수 있다고 역설했다. 그리고 국제연맹 사무총장에게는 독립청원서를 보냈다. 그의 주장은 프랑스어 신문인 「주르날 드 쥬네브(Journal de Geneve)」와 「라 트리뷴 도리앙(La Tribune D'Orient)」, 독일어 신문인 「데어 분트(Der Bund)」에 실렸다. 이승만은 국제연맹 부설 라디오 방송을 통해서도 연설했다.

이승만의 호소는 적지 않은 반응을 일으켰지만, 일본의 방해로 끝내 한인독립 문제를 의제에 올리지 못했다. 미국, 영국, 프랑스는 극동에서 소련의 팽창을 막기 위해 일본을 필요로 했기 때문이다.

좌절감에 빠진 이승만에게 동정적인 외국인들은 소련에게 도움을 요청해 볼 것을 권유했다. 이승만은 반공(反共)주의자로 알려져 있었기 때문에 소련 비자를 얻을 수 없었다. 그래서 여러 나라 대사관을 헤매다가 결국 친분이 있는 오스트리아 주재 중국 대사관 대리공사의 도움으로 비자를 받는 데 성공했다.

소련에 도착 즉시 추방당하다

1933년 7월 19일 이승만은 빈(Wien)에서 기차를 타고 모스크바 역에 도착했다. 그렇지만 내리자마자, 즉시 되돌아가라는 명령을 받았다. 그때 모스크바에는 일본 철도청 책임자가 소련의 만주 동청(東淸)철도 운영권을 사려고 와 있었기 때문에 이승만의 출현은 일본의 비위를 건드릴 위험성이 있었다. 그러므로 이승만은 아무 소득 없이 다음 날 모스크바를 떠날 수밖에 없었다.

이처럼 유럽 땅에서 망명객으로 방황하는 동안 이승만은 헌신적인 아내가 될 프란체스카 도너(Francesca Donner)를 만났다. 그녀는 오스트리아 중소기업가의 막내딸로서 어머니와 함께 프랑스 여행을 마치고 돌아가는 길에 제네바에 잠시 머무르고 있었다. 만나게 된 계기는 호텔 식당에서 자리가 모자라 이승만이 두 모녀와 합석하면서 찾아왔다. 그때 이승만은 58세, 프란체스카는 33세였다.

이승만의 부인 프란체스카

그들은 결혼을 약속했지만, 이승만은 무국적(無國籍) 망명객이었기 때문에 프란체스카를 미국으로 초청할 수 없었다. 결국 프란체스카는 1년이 걸려 이민자격으로 미국에 왔다. 두 사람은 1934년 10월 뉴욕에서 결혼식을 올렸다. 그녀는 이승만처럼 모든 것을 한국의 독립을 위해 바쳤기 때문에 그 결혼은 동지적 결합이기도 했다.

베스트셀러가 된 『일본내막기』

1938년부터 나치 독일이 오스트리아와 체코슬로바키아를 연달아 합병하면서 제2차 세계대전이 일어날 조짐을 보였다. 그에 따라 이승만은 1939년 4월부터 활동 무대를 하와이에서 워싱턴으로 옮겼다. 1941년 6월 그는 일본이 곧 미국을 공격할 것이라고 경고한 『일본내막기(*Japan Inside Out*)』를 뉴욕에서 출간했다. 그 책에서 이승만은 일본의 군국주의 체제가 반드시 미국을 공격하게 되는 역사적 이유를 제시했다. 그의 예언은 6개월 뒤에 맞아 떨어졌다. 12월 7일 일본 항공모함의 함재기들이 하와이의 진주만을 기습 공격했기 때문이다. 그의 책은 베스트셀러가 되었다.

미국과 일본이 전쟁을 하게 되자, 한인들의 독립 가능성도 커 보였다. 그에 따라 미국의 이승만과 중경의 김구는 서로 필요하게 되었다. 이승만은 임시정부의 주미외교부 위원장 자격으로 미 국무부를 상대하게 되었다. 이승만은 무기대여법에 따라 중경 임시정부에게 무기를 지원하도록 요구했다.

미국정부를 상대로 한 임시정부 승인 활동

1942년 1월 2일 이승만은 그 문제를 논의하기 위해 미 국무부의 실세 중의 실세인 알저 히스(Alger Hiss)를 만났다. 미국이 중경 임시정부를 도우면 2중의 효과를 얻을 것이라고 말했다. 일본과의 전쟁에서 도움을 받게 될 뿐만 아니라 전쟁이 끝나면 소련의 한반도 점령을 막는 데 도움을 받게 될 것이라고 말했다.

그러나 뜻밖에도 알저 히스는 화를 냈다. 소련은 지금 미국의 동맹국이기 때문에 비난해서는 안 되며, 또한 한반도는 소련의 이해관계가 걸린 지역이므로 소련과 합의가 이루어질 때까지는 어떤 결정도 내릴 수가 없다고 잘라 말했다.

그때는 몰랐지만 알저 히스는 소련 간첩이었다. 그 사실은 나중에 소련이 무너지고 난 뒤인 1994년에 국제공산당(Comintern) 문서가 공개됨으로써 밝혀졌다. 그러나 그의 정체를 알 리 없던 이승만은 단지 경험 없는 젊은 미국 관리에게 한국인의 운명이 걸려 있는 현실을 서글퍼했을 뿐이었다.

이승만은 코델 헐(Cordell Hull) 국무장관에게도 그러한 내용의 청원서를 보냈다. 그것에 대한 회답으로 국무장관이 한인들의 독립 운동 실태를 물어 오자, 감격한 이승만은 힘들게 긴 보고서를 만들어 제출했다.

이승만의 독립운동을 도운 미국인들

일제 시대 중국, 소련, 미국에서 활동하던 독립 운동가들은 대부분 편의상 그 나라의 국적을 가졌다. 그러나 이승만은 끝까지 무국적자(無國籍者)로 살았다. 망명객 신분으로는 미국 정부와 교섭하기 어려웠기 때문에 그때마다 이승만은 미국인들을 앞세우곤 했다.

1942년 3월 프랭클린 루스벨트(Franklin Roosevelt) 대통령

에게 중경 임시정부 승인을 위한 호소문을 보낼 때는 한미
협회(Korean-American Council)를 내세웠다. 그 단체에는 미 상
원 소속 목사인 프레데릭 해리스와 전 캐나다 대사인 제임
스 크롬웰 같은 저명인사들이 참여하고 있었다. 또 다른 이
승만 후원단체인 기독교인 친한회(Christian Friends of Korea)에
는 아메리칸 대학교 총장인 폴 더글러스 같은 인물들이 참
여하고 있었다.

한인들의 독립의지를 미국인들에게 알리는 일이 중요
했기 때문에 이승만은 이들을 모아 1942년의 3·1절에 워
싱턴의 라파예트 호텔에서 한인자유대회(Korean Liberty
Conference)를 열었다.

이승만도 무장투쟁을 준비하다

이승만은 원래 외교독립론자였지만, 전쟁이 벌어진 이상
한인들도 미국을 돕기 위해 무장투쟁을 해야 한다고 생각했
다. 이승만의 생각은 미군 전략사무국(OSS, Office of Strategic
Service)의 간부인 에슨 게일(Esson M. Gale)을 만나면서 실현
되어 갔다. 에슨 게일은 한국에서 가까이 지내던 장로교 선
교사 제임스 게일의 조카였다. 그를 통해 이승만은 그 기구
의 프레스톤 굿펠로우(Preston M. Goodfellow)와도 가까워지게

되었다. 그 때문에 이승만은 미군들의 회의에 여러 차례 직접 참석해 의견을 말할 수 있었다.

그것은 1944년에 한인 게릴라 부대를 한반도에 투입하려는 냅코(NAPKO) 계획의 수립으로 이끌었다. 여기에는 이승만이 추천한 장석윤, 유일한 등 19명이 가담했다. 그들은 샌프란시스코 연안의 한 섬에서 유격훈련, 무선훈련, 폭파훈련, 촬영훈련, 낙하산훈련을 마쳤다.

그러고 나서는 중국 및 태평양 지역 전선 사령관들인 웨드마이어(Albert C. Wedmeyer), 맥아더(Douglas MacArthur), 니미츠(Chester W. Nimitz)의 승인을 기다렸다. 그러나 미군 사령관들은 그 작전이 전투력을 분산시킬지 모른다는 이유에서 승인을 주저했다. 그러는 가운데 일본이 항복함으로써 그 작전은 실행하지 못했다.

하지만 이승만은 1942년 6월부터 '미국의 소리(VOA, Voice of America)' 단파방송을 통해 고국 동포에게 여러 차례 독립 희망의 메시지를 보냈다. 그것은 독립에 대한 희망이 국내 식자층에 퍼져 나가는 효과를 가져왔다.

소련의 한반도 개입을 걱정

"싸우지 않은 민족"이라는 데 대해 분노

미 국무부를 상대로 이승만이 끈질기게 벌인 임시정부 승인과 무기지원 요구는 약간의 반응을 불러일으켰다. 1942년 11월 말 국무부는 임시정부의 목표가 무엇인지 문서로 알려 달라고 요청했기 때문이다.

이승만은 한인들의 목표가 1940년에 루스벨트와 처칠이 발표한 '대서양 헌장'에서 제시된 자유주의 이념을 실현한 독립국가를 건설하는 것이라고 답변했다. 자유선거(自由選擧)를 통해 세워진 한인들의 자유주의 국가는 극동에서 침략국을 견제할 완충국이 되어 평화 유지에 기여할 것이라고 대답했다. 중경의 대한민국 임시정부가 승인되지 않았을 경우, 전쟁이 끝났을 때 한반도에 공산정권이 들어서는 불행한 결과가 올 것이라고도 했다.

그에 대한 코델 헐 국무장관의 회답은 한참 뒤에 가진 기자회견을 통해 간접적으로 보내왔다. 자신의 자유를 위해 "싸우지 않는 민족"은 미국의 지원을 기대할 자격이 없다는 것이었다. "싸우지 않는 민족"에 한인들이 포함된 것으로 보였기 때문에 이승만은 크게 실망했다.

그럼에도 불구하고 한인들의 독립 의지는 완전히 외면당하지 않았다. 1943년 2월 23일에는 루스벨트 대통령이 라디오 방송에서 "한국인의 노예 상태"에 대해 말함으로써 한인들의 독립에 관심을 가지고 있음을 보여 주었다.

그리고 1943년 11월의 '카이로 회담'에서는 미국, 영국, 중국이 한인들의 노예 상태를 유념하여 "적당한 시기와 절차에 따라" 독립을 허용할 것이라고 발표했다. '카이로 선언문'의 작성자는 루스벨트의 최측근인 해리 홉킨스(Harry Hopkins)였다. 해리 홉킨스는 독실한 감리교도로서 미국인 목사들을 많이 알고 있던 이승만을 통해 한인들의 독립 의지를 알게 된 것 같았다.

카이로 선언에 대한 기대감과 불안감

이승만은 '카이로 선언'을 크게 반기면서도 "적당한 시기와 절차에 따라" 독립을 준다는 문구에 불안해 했다. 독립 시기를 늦출 위험이 있었기 때문이다. 나중에 밝혀졌지만, 미국은 한반도를 완전히 독립시키기 전에 일정 기간의 신탁통치(信託統治)를 계획하고 있었던 것이다.

중국의 장개석(蔣介石)도 '카이로 회담' 당시 루스벨트와의 대화에서 보여 준 것처럼 한인들의 즉각 독립을 생각하지 않은 듯이 보였다. 중국이 오랫동안 자기네 속방이었던 한반도의 독립을 진정으로 바라지는 않았다는 것은 자기네 영토 안에 있던 대한민국 임시정부를 끝까지 승인하지 않은 사실에서 보이는 것 같았다.

이승만이 볼 때, 독립이 늦추어지면서 연합국의 신탁통치가 실시되면 좌우합작의 연립정부가 들어서게 될 것이고, 그렇게 되면 결국 공산화하고 말 것이었다. 그래서 이승만은 프랭클린 루스벨트 대통령에게 서한을 보내 "적당한 시기와 절차에 따라"가 구체적으로 무엇을 의미하는 것인지 명확히 밝혀 줄 것을 요구했다. 하지만 아무런 답변도 없었다.

소련군의 한반도 점령 조짐

이승만은 소련군이 한반도에 들어올까 불안해 했다. 한반도와 '얼지 않는 항구'에 대한 러시아의 야심이 얼마나 큰 것인가는 독립협회 시절에 직접 경험했기 때문이다. 게다가 지금의 소련은 공산주의 혁명까지 확산시키려는 야심도 가지고 있는 것이다.

실제로 이승만의 우려를 뒷받침할 만한 조짐들이 나타나고 있었다. 1943년 3월 하순 영국 외무장관 이든(Robert A. Eden)이 미국을 방문했을 때 루스벨트 대통령과 소련의 한반도 지배와 신탁통치 문제를 논의했다는 기사가 「시카고 선(Chicago Sun)」에 실렸다. 『월드 어페어즈(World Affairs)』 1943년 6월호도 미국이 임시정부를 승인하지 않는 것은 소련을 특별히 배려하기 때문이라고 했다.

이승만은 한반도를 놓고 국제적 음모가 꾸며지고 있다고 믿었고, 그것을 폭로하기 위해 1945년 봄 『한국 사정』이란 작은 책자를 만들어 곳곳에 뿌렸다. 실제로 미국은 일본과의 전쟁에 소련을 끌어들이기 위해 한반도를 포함한 여러 가지 미끼를 던지고 있었다.

1945년 3월 9일 이승만 부부는 루스벨트 대통령의 부인 엘리너 루스벨트(Anna Eleanor Roosevelt) 여사를 만날 기회를 얻었다. 미국이 임시정부 승인과 무기지원을 거부하고 있다고 말하자, 그녀는 보좌관들의 잘못된 보고 때문일 것이라고 말하면서 대통령에게 시정을 건의하겠다고 약속했다. 그러고 난 다음 엘리노 여사는 이승만의 활동을 높이 평가하는 글을 신문에 쓰기도 했다. 그러나 미국의 정책은 변화가 전혀 보이지 않았다.

유엔 창립총회에서 마지막 독립 호소

독일의 항복을 한 달 앞 둔 1945년 4월, 연합국은 샌프란시스코에서 유엔(United Nations) 창립총회를 열었다. 이승만은 옵서버 자격으로라도 참석하여 한국 독립에 대한 보장을 얻으려고 했으나, 거부당하고 말았다. 공교롭게도 유엔 창립총회의 사무총장은 나중에 소련 간첩으로 밝혀진 알저 히스였다. 회의장 안팎에서 이승만은 미국이 한반도와 관련해 소련을 배려하고 있다고 확신하게 되었다.

이승만을 괴롭힌 또 다른 사실은 미국 교포들 가운데는 소련을 배려하려는 미 국무부의 한반도 정책, 즉 좌우합작(左右合作) 정책의 지지자들이 많다는 것이었다. 그들 가운데는 한길수 같은 공산주의자도 있었지만 재미한족연합위원회, 국민회, 흥사단, 「신한민보」에 소속된 사회민주주의자도 있었다. 그들은 미 국무부 관리들로부터 지지를 받았는데, 그 가운데는 한국 문제 담당관인 조지 맥퀸(George McCune) 이 있었다. 그는 평양에서 선교사의 아들로 태어나 서북 지방 출신 안창호의 흥사단 계열 인사들과 가까웠다.

그러므로 샌프란시스코 유엔 창립총회에 참가한 한인들은 이승만의 임시정부 대표단, 김원용의 재미한족연합위원회 대표단, 한길수의 중한민중동맹단 대표단으로 갈라져 있었다. 그러한 분열구도에서 반공·반소주의자인 이승만이 가장 불리했다. 미 국무부와 대립하고 있었기 때문이다.

이승만이 따돌림당하는 것을 안타깝게 여긴 올리버(Robert Oliver) 박사는 그에게 미국 정부의 좌우합작 정책에 따를 것을 간곡히 권유했다. 그러나 이승만은 자신의 고집을 꺾지 않았다. 조직이 없는 우파가 조직이 강한 좌파와 손을 잡으면 패배할 것은 뻔했으므로 공산화로 이끌 좌우합작에 찬성해서 권력에 가담하느니 차라리 아이오와 주의 시골로 물러나 닭을 키우며 살겠다고 잘라 말했다.

'얄타 밀약설'을 터뜨려 세상을 떠들썩하게 하다

샌프란시스코 유엔 창립총회가 한창 진행 중이던 1945년 5월 14일 이승만은 기자회견을 통해 폭탄선언을 했다. 2월의 얄타 회담(Yalta Conference)에서 강대국들이 한반도를 소련에게 넘기기로 비밀협약을 맺었는데, 자기는 그 사실을 소련인 망명객으로부터 들었다고 말했다.

이승만의 '얄타 밀약설'로 회의장은 발칵 뒤집혔다. 미 국무부는 즉각 부인 성명서를 냈다. 그런데도 이승만이 계속 비난하자, 백악관까지 나서서 부인했다. 파장은 영국에까지 밀려가 하원에서 처칠(Winston Churchill) 총리에게 사실 여부를 확인하는 일이 벌어졌다. 처칠은 비밀협약은 없었고 대체로 양해된 사항들은 있었다고 대답했다. 그러자 이승만은 바로 그것들 가운데 소련의 한반도 점령이 포함되었을 것이라고 주장했다.

미국 정부는 더 이상 반박하지 않았다. 그러자 이승만은 자기 말이 옳다고 더욱더 확신했다.

이승만의 주장이 맞았다는 것은 1945년 8월 8일 소련이 일본에 선전을 포고하고 북한을 점령하기 시작하면서 확인되었다. 소련군은 미군이 북한문제에 간섭하지 못하도록 재빨리 38도선을 막고, 김일성을 내세워 소비에트 정권을 세운 다음 공산화(共産化)에 착수했다. 그러나 미국은 아무런 항의도 하지 않았다.

좌우합작 은 공산화로 가는 길

미 국무부가 이승만의 귀국을 방해

1945년 8월 15일 일본이 항복하자, 이승만은 즉각 귀국하려 했다. 그러나 미 국무부는 그의 귀국을 방해했다. 소련과 협상을 통해 한반도 문제를 처리하려는 마당에, 반소주의자이며 반공주의자인 이승만이 서울에 나타나면 방해가 될 것이기 때문이다.

그러므로 이승만은 여권과 항공편을 얻는 데 큰 어려움을 겪어, 해방된 지 두 달이 지난 10월 16일에야 김포 비행장에 도착할 수 있었다. 그렇게라도 귀국할 수 있었던 것은 남한에서 미군정을 실시하게 된 하지(John R. Hodge) 중장이 통치에 활용하기 위해 미국 정부에 해외 독립 운동가들의 귀국을 요청했기 때문이었다.

이승만의 귀국은 개인 자격에 비밀로 했기 때문에 수행원도 없었고, 비행장에는 한인 환영객도 없었다. 미 군용기에는 군인만 탈 수 있다는 규정 때문에 미 군복 차림이었다. 그러나 그날 오후 그의 도착을 알리는 신문 호외가 나오면서 숙소인 조선호텔 앞은 환호하는 군중으로 넘쳤다.

그러나 남한의 정국은 이미 좌익들이 장악한 상태였다. 박헌영과 여운형은 문서에 불과한 것이긴 하지만 서둘러 조선인민공화국을 선포한 상태였다. 급조된 종잇조각 정부의 주석 자리에는 이승만의 이름이 제멋대로 올려져 있었다.

국제사회에 통일된 모습을 보여야 독립한다

이승만에게는 빨리 정부를 수립하는 것이 급했으므로 일단 좌우 모두를 합치는 민족통일전선을 구축하려고 했다. 분열은 강대국들에 의해 정부 수립을 늦추는 구실이 될 것이기 때문이다. 그에 따라 이승만은 10월 23일 65개 정당과 단체 대표들이 모인 '독립촉성중앙협의회'를 조직했다. 통일전선 구축에 나선 것이다.

그러나 공산당의 박헌영과 인민당의 여운형 같은 좌익들은 협조하지 않았다. 친일파부터 숙청해야 한다는 것이었다. 그에 대해 이승만은 그것은 나라가 세워진 다음에 해도 늦지 않다고 응수했다. 좌익들의 태도가 너무나 완강했기 때문에 이승만은 그들과 손을 끊을 수밖에 없었다. 그에 따라 독립촉성중앙협의회에는 우익 세력만 남게 되었다.

1945년 11월 23일에는 중경 임시정부의 김구 일행이 하지 중장이 상해로 보낸 수송기를 타고 귀국했다. 국민당 정부의 장개석은 김구 세력이 정권 잡기를 바랐기 때문에 중국을 떠나기 전에 성대한 환송연을 베풀고 정치 자금까지 주었다. 그리고 신속한 연락을 위해 3명의 무전사까지 딸려 보냈다.

미군정이 임시정부를 인정하지 않았기 때문에 김구 일행도 이승만처럼 개인 자격으로 귀국했다. 그러나 귀국한 뒤 김구 일행은 임시정부 요인으로 활동했다. 각료회의를 여는가 하면, 미군정에 대해 행정권을 요구하기도 했다. 그에 대해 미군정 측은 38선 이남의 유일한 정부는 미군정뿐임을 강조하면서 임시정부를 인정하지 않았다.

김구와 함께 신탁통치 반대 운동

김구도 중경 임시정부를 중심으로 민족통일전선을 형성

하려고 나섰다. 그러나 곧 신탁통치 문제가 터지면서 이승만
과 행동을 같이하게 되었다.

신탁통치 문제가 해방정국을 뒤흔들게 된 것은 1945년
12월 28일 모스크바에 모인 미국, 영국, 소련 3국 외무장관
이 한반도에서 정부를 수립하는 문제를 놓고 발표한 공동성
명서 때문이었다. 그것에 따르면, 우선 미군과 소련군의 대
표로 미소공동위원회가 구성되어 임시정부를 세운 다음 5년
간의 4개국 신탁통치를 거친 다음 한인들에게 완전 독립을
준다는 것이었다.

우익들은 모스크바 결정의 핵심 내용을 신탁통치로 보고
맹렬히 반대했다. 이승만도 신탁통치 반대성명을 내고 라디
오 방송을 통해 그 부당성을 지적했다. 신탁통치가 시작되면
소련이 개입하게 되어 한반도는 공산화(共産化)되고 말 것이
라고 했다.

좌익들도 신탁통치에 반대였지만, 박헌영이 급히 평양에
불려 갔다 온 다음부터는 찬성으로 돌았다. 그러므로 신탁통
치 반대를 위해 서울운동장에서 열린 1946년 1월 3일의 집
회는 갑자기 찬성집회로 둔갑했다. 좌익들은 모스크바 결정
이 한인들에게 도움이 된다고 주장했다.

신탁통치 반대 운동에서는 김구가 가장 적극적이었다. 그
는 중경 임시정부의 포고령인 국자(國字)1·2호를 발표하여

미군정의 한인 공무원들에게 출근 근무를 지시하고 국민에게는 지지를 호소했다. 하지 중장은 그것을 쿠데타로 보고 김구를 불러 다시 그러한 행동을 할 때는 중국으로 추방하겠다고 경고했다.

1946년 2월 8일 이승만과 김구는 미군정에 한인들의 의사를 전달할 기구로 '비상국민회의'를 조직하고 28명의 최고정무위원을 임명했다. 그러자 미군정은 28명 전원을 '대한민국대표민주의원', 즉 '민주의원' 의원으로 임명했다. 따라서 그것은 미군정의 자문기관이 되는 동시에 우익 세력의 중심기구가 되었다.

같은 시기에 좌익은 '민주주의민족전선', 즉 '민전'으로 뭉쳤기 때문에, 남한 정국은 크게 좌파대연합의 '민전'과 우파대연합의 '민주의원'으로 나뉘게 되었다.

처음부터 성공 가능성이 없었던 미소공동위원회

모스크바 결정을 실천하기 위한 미소공동위원회가 1946년 3월 20일 서울 덕수궁에서 열렸다. 목적은 임시정부를 세우기 위한 것이었으나, 이승만이 볼 때 성공 가능성이 없었다. 그것은 소련군 대표 슈티코프(Terenti F. Stykov)의 개막 연설에서 나타났다. 그는 신탁통치를 반대하는 정당·사회단체는 협의 대상에서 제외해야 한다고 주장했는데, 그것은 우익을 참여시키지 않겠다는 말이었다.

이에 맞서 미군 수석대표 아놀드 소장은 민주주의의 본질은 표현의 자유이므로 신탁통치에 반대했건 찬성했건 간에 모두 협의 대상에 포함되어야 한다고 주장했다.

미군과 소련군의 의견이 이처럼 맞서자, 타협안으로 '공동성명 5호'가 마련되었다. 신탁통치에 반대한 정당이나 단체라 할지도 모스크바 결정을 지지한다는 서명만 하면 협의 대상으로 인정한다는 것이었다. 그러자 우익 세력들도 대부분 서명했다.

그러자 소련군은 또 다시 새로운 요구를 들고 나왔다. 서명했다 하더라도 정당과 단체의 대표가 신탁통치를 반대하는 인사라면 안 된다는 것이었다. 그것은 우익의 '민주의원'을 제외시키려는 것이었기 때문에 미군 측은 반대할 수밖에 없었다. 그에 따라 미소공동위원회는 1946년 5월 6일 휴회하게 되었다.

당시 소련은 미군과 협의해 남북통일 정부를 세울 마음이 전혀 없었다. 그것은 이미 1946년 2월에 북한에서 사실상의 정부인 '북조선임시위원회'를 세워 공산화를 추진하고 있었다. 그러므로 남북통일의 임시정부가 세워지면, 북한의 공산 정부가 해체되어야 했다. 그러한 소련군의 속셈을 알 리 없는 미군 측은 모스크바 결정의 실천에 계속 매달렸다.

남한에도 임시정부가 필요하다는 '정읍 발언'

남한의 우익들도 소련의 그러한 의도를 알아채기 시작했다. 그런데도 어느 누구도 남한만의 단독정부를 세우자고 분명하게 말하지 못했다. 그랬다가는 분단을 획책하는 민족반역자로 몰릴 것이기 때문이다.

그러한 금기를 대담하게 깨뜨린 용기의 인물이 이승만이었다. 그는 호남 지방을 순방하던 1946년 6월 3일 그 유명한 '정읍 발언'으로 남한 과도정부 수립의 필요성을 내비쳤다. 미소공동위원회는 기다려 보았자 더 이상 나아갈 것 같지 않으니, 남한만이라도 임시정부나 위원회 같은 것을 세워 사회를 안정시킨 다음, 소련과 협상해서 통일정부를 세워야 한다는 것이었다.

'정읍 발언'은 폭탄선언이었다. 모두가 통일정부를 세워야 한다고 주장하는 마당에 남한만의 과도정부 수립을 말했으니 비난받을 수밖에 없었다. 좌익과 중도파는 물론, 김구의 한독당, 심지어는 하지의 미군정도 이승만을 심하게 비판했다.

이러한 상황에서 미군정은 좌우합작(左右合作) 정책을 실천하려고 하였다. 그것은 미 국무부가 몇 달 전에 내린 지침에 따른 것으로서, 미국은 모스크바 결정의 틀 속에서 소련과 합의하여 정부를 세우려는 것이었다. 그렇게 되면 이승만과 김구는 퇴출 대상이었다.

하지 장군은 1946년 6월 중도우파라는 김규식과 중도좌파라는 여운형을 내세워 '좌우합작위원회'를 구성하려고 했다. 그리고 그들 중도파를 돕기 위해 우익과 좌익을 모두 견제하려 했다. 그래서 우익신문인「대동신문」을 정간시키는 한편, 다른 한편에서는 조선정판사 위조지폐 사건을 계기로 조선공산당 본부를 수색하고 기관지인「해방일보」를 정간시켰다.

그러자 박헌영의 조선공산당은 폭력투쟁으로 미군정에 맞섰다. 노동자들의 '9월 총파업'이 일어나고, 그것에 호응하는 대학과 전문학교, 심지어는 중학교의 동맹휴학이 일어났다. 폭동은 대구의 '10·1 폭동'으로 절정을 이룬 다음 전국의 농촌 지역으로 확산되었다. 좌익들은 북한의 소련군으로부터 지시와 자금을 받았다. 미군정은 대구 지역에 계엄령을 선포하고 폭동을 진압했다.

미국의 좌우합작 정책을 거부

좌우합작위원회가 구성되자, 1946년 10월 하지 중장은 그것을 토대로 의회에 해당하는 '남조선과도입법의원'을 구성하려 했다. 90명의 의원 가운데서 45명의 민선의원은 도와 시에서 선거로 뽑고, 45명의 관선의원은 하지 중장에 의해 임명되도록 했다.

민선의원 선거에서 보수우익 세력이 승리하자, 하지 중장은 좌파와 우파 사이에 균형을 잡는다고 관선의원 45명을 좌파 성향 인물들로 임명했다. 그러자 이승만이 하지 중장에게 강하게 항의했다. 화가 난 하지 중장이 이승만에게 권력을 잡지 못하게 하겠다고 소리를 지르자, 이승만도 앞으로는 협조하지 않겠다고 정면으로 맞섰다.

12월에 '남조선과도입법의원'은 문을 열고 김규식을 의장으로 선출했다. 미군정과 실랑이를 해 보아야 소용없다고 생각한 이승만은 미국에 가서 한반도 정책을 바꾸도록 설득해 보려 했다. 우익 세력들은 그에게 여비를 마련해 주고, 민주의원은 '대한국민대표'라는 직함을 주었다.

총선거를 통한 대한민국의 건국

한반도 정책을 바꾸기 위해 미국으로

하지 중장은 이승만이 자기를 제치고 미국 정부를 직접 상대하겠다는 데 대해 분개했다. 그 때문에 이승만은 미국으로 가는 항공편을 얻는 데 애를 먹었다. 결국 이승만은 도쿄의 맥아더가 보내 준 군용기로 1946년 12월 4일 김포 비행장을 떠날 수 있었다. 도쿄에서 미국까지 가는 데는 미 국무부의 방해로 군용기를 못 타고 민간항공을 이용할 수밖에 없었다.

워싱턴에 도착한 이승만은 한반도 정부 수립 문제는 미소공동위원회가 아닌 유엔이 맡아야 한다고 주장했다. 그리고 우선 남한에 과도정부를 세웠다가 때를 기다려 남북한 총선거로 통일정부를 세우라고 요구했다. 그러나 미 국무부는 이승만을 완전히 무시했다. 전쟁장관 패터슨을 만나려 하자, 미 국무부는 이승만을 위험한 인물로 모함해 면담을 거절하도록 했다.

그러므로 이승만은 방향을 바꾸어 독립 운동 시절 그를 돕던 미국인들을 내세워 여론을 움직여 보려 했다. 그리하여 올리버(Robert Oliver) 교수, 스태거즈(John Staggers) 변호사, 언론인 윌리엄스(J.Jerome Williams), 해리스(Frederic Harris) 목사 등이 다시 뛰기 시작하고, 구미위원부의 임병직과 민주의원의 임영신이 그들을 도왔다.

그때 이승만에게는 반갑게도 미국의 대외정책이 바뀌어 가고 있었다. 동유럽과 이란에서 소련의 팽창 야욕을 확인한 미국이 소련에 대한 유화정책을 버리고 소련을 견제하기 위한 반공적(反共的)인 포위정책을 채택했기 때문이다. 1947년 3월 12일의 '트루먼 선언(Truman Doctrine)'이 그러한 변화를 말해 주고 있었다. 그것은 공산주의자들로부터 위협받고 있는 그리스와 터키를 원조하기 위한 선언이었지만, 남한을 포함한 모든 지역과 나라에 적용될 수 있는 원칙이었다. 감격한 이승만은 즉시 트루먼(Harry S. Truman) 대통령에게 감사의 편지를 보냈다.

정부수립 방법에서 김구와 차이가 나다

그동안 서울의 김구도 나름대로 정부 수립을 위해 움직였다. 김구는 1947년 1월 '국민의회'를 조직하여 중경 임시정부를 정식 정부로 선포하게 하고, 이승만을 주석으로 추대했다. 그리고 3월에 미군정장관 브라운을 만나 중경 임시정부에 정권을 넘기라고 요구했다. 그러나 미군정은 김구의 그러한 행동을 쿠데타로 보았다.

이승만은 워싱턴에 더 머물고 싶었지만 김구와 미군정의 정면충돌을 우려하여 귀국을 서둘렀다. 이번에도 미 국무부는 귀국을 방해했다. 도쿄까지 미 군용기를 타기 위해 운임을 지불했지만, 출발 전날 갑자기 탑승이 취소되었다. 마침 도쿄 노선을 새로 개설한 노스웨스트(Northwest) 항공이 시험 운행하는 비행기가 있어서 그것을 이용하게 되었다. 그러나 하지 장군의 입국 허가서는 얻지 못한 채 비행기를 타야 했다.

이승만은 도쿄에 내려 잠시 맥아더를 만난 후 장개석을 만나기 위해 중국의 남경(南京)으로 갔다. 장개석은 원래 김구 지지자였지만 모택동의 공산당과 내전을 벌이게 되면서 반공주의자인 이승만을 존경하게 되었던 것이다. 서울로 오는 비행기는 장개석이 제공했다.

1947년 4월 21일 서울에 도착했을 때, 이승만은 영웅이 되어 있었다. 그의 미국 방문으로 정부 수립의 길이 열린 것으로 생각되었기 때문이다. 4월 27일 우익 진영은 서울운동장에서 성대한 귀국환영대회를 열었다. 이승만은 미국 정부가 좌우합작 정책을 포기함으로써 총선거를 통해 정부 수립이 가능하게 되었다고 말했다.

미소공동위원회에 미련을 버리지 못하는 미국

그러나 미국은 소련과의 협상을 완전히 포기하지 않았다. 그 때문에 5월 21일부터 덕수궁에서 제2차 미소공동위원회가 열렸다. 좌익들과 중도파는 대환영이었다.

그러나 회의는 1차 때와 같이 신탁통치 반대자들을 협의 대상에 포함시킬 것이냐 아니냐는 문제를 놓고 충돌했다. 결국 미군 측이 양보하여, 누구든지 협의대상이 되면 신탁통치 반대 운동을 못하게 했다.

우익들은 그것이 자기들을 옥죄는 족쇄라고 반대하며 미군 측을 맹렬히 비난했다. 이승만도 미국이 표현의 자유를 포기했다고 비난하면서 미소공동위원회에 참여하지 말라고 호소했다. 김구도 마찬가지였다. 그에 따라 서북청년회, 전국학생총연합(전학련) 등의 우익 청년단체들이 격렬한 반소·반탁 시위를 벌였다.

미군정 당국은 이승만이 미소공동위원회에 방해가 된다고 판단해 가택연금 상태에 두었다. 그에 따라 일반인과의 접촉이 금지되고, 전화가 철거되었다. 갑자기 이승만은 미국의 적(敵)이 된 것이다.

그런데도 소련군 측은 또 다른 문제를 들고 나와 미군 측을 곤란하게 만들었다. 반탁 운동을 하지 않겠다고 서약한 정당·사회단체라도 할지라도 반탁투쟁위원회에 가입해 있다면, 협의 대상에서 제외해야 한다는 것이었다. 그것은 남한의 우익은 물론 중도파도 제외시키려는 것이었다. 미군 측은 그것을 받아들일 수 없었기 때문에 미소공동위원회는 완전히 깨지고 말았다.

총선거에 대비해 민족대표자들을 선출

제2차 미소공동위원회가 열리고 있던 1947년 7월, 이승만은 선거 준비에 나섰다. 앞으로 정부를 세운다는 방침이 정해지게 되면 반드시 선거를 거쳐야 할 것으로 판단했기 때문이다. 그의 지시에 따라 독립촉성국민회 조직을 통한 전국적인 선거가 실시되어 220명의 대의원(한국민족대표자)를 선출했다. 한국민족대표자대회 의장에는 배은희, 부의장에는 명제세와 박순천이 뽑혔다.

그때 미 국무장관 마셜(George C. Marshall)이 한국 문제를 유엔이 다루도록 제의했다는 소식이 들어왔다. 힘을 얻은 우익들은 유엔총회에서 마셜의 제안이 통과되기를 기원하고 총선거를 촉구하는 국민대회를 열었다. 유엔총회는 1947년 11월 14일 한반도에서 유엔감시하의 남북한 총선거를 통해 정부를 수립하도록 결의했다. 이승만의 희망대로 된 것이다.

그러나 유엔총회의 총선거 결의를 반대하는 세력도 강했다. 좌익들은 총선거가 남북분단을 영구화시킬 것이라고 비난하면서 미소공동위원회를 다시 열라고 요구했다.

김구와 한독당도 총선거 반대에 가담했다. 1947년 11월 5일 김구의 한독당과 10여 개의 중도파 군소 정당들은 미·소 양군의 즉각 철수와 남북회담을 요구했다. 이제 김구는 이승만과 다른 길을 가게 된 것이다.

남북협상론으로 제동이 걸린 건국

유엔임시한국위원단도 남북협상에 미련

　유엔총회의 총선거 결의를 실행하기 위한 8개국의 유엔임시한국위원단이 1948년 1월 서울로 파견되었다. 서울운동장에서 열린 환영대회에는 20만의 군중이 모임으로써 정부 수립에 대한 열정을 보여 주었다.

　그러나 평양의 김일성은 유엔임시한국위원단이 북한에 한 발짝도 들여 놓지 못하게 할 것이라고 선언했다. 소련도 반대의 뜻을 유엔 사무총장에게 알려왔다. 북한에서 선거를 하게 되면 이미 만들어진 소비에트 정부(북조선임시인민위원회)를 해체해야 되기 때문이었다.

유엔임시한국위원단 안에도 남한만의 선거에 반대하는 대표들이 적지 않았다. 단장인 인도 대표 메논(V. Menon)은 나중에 소련 대사를 오랫동안 지낼 정도로 친공적인 인물이었다. 부단장인 시리아의 무길(Y. Mughir)도 껄끄러웠는데, 당시 시리아가 이스라엘 건국 문제로 미국과 대립하고 있었기 때문이다. 오스트레일리아, 캐나다, 프랑스의 대표들도 소련 측 주장에 호의적이었다. 그들의 본국 정부는 좌익 또는 좌우합작 정부였기 때문이다.

그러므로 8개국 대표들 가운데서 미국안을 확실하게 지지할 나라는 필리핀, 중국, 엘살바도르의 3개국뿐이었다. 남한만의 정부가 세워지는 일은 쉽지 않아 보였다.

유엔이 남한만의 선거를 결의하다

그러므로 우익 세력들에게는 이들을 설득하는 일이 무엇보다도 시급했다. 그래서 이승만, 김성수, 조병옥, 장택상 등은 영어 잘하는 사람들로 환영위원회를 구성하고, 환영만찬과 환영음악회를 열었다. 다행히도 인도의 메논이 여류 시인 모윤숙과 문학을 통한 대화로 한국의 현실을 이해하게 되었다. 그에 따라 시리아의 무길도 태도가 바뀌기 시작했다.

이때 유엔임시한국위원단은 남한에서만이라도 선거를 해야 할 것인가 하는 문제를 놓고 논란을 벌였다. 결론이 나지 않자 그들은 단장인 메논을 유엔으로 보내 지시를 받아 오도록 했다.

미국 레이크서섹스의 유엔소총회(정치위원회)는 그 문제를 놓고 토의를 벌였다. 회의장 밖에서는 임병직과 임영신이 남한 선거안이 통과되도록 설득 작업을 벌였다.

미국 대표는 유엔한국임시위원단의 활동이 가능한 남한 지역에서만이라도 선거를 해야 한다고 주장했다. 남한은 한반도 인구의 3분의 2를 차지하므로 그것만으로도 대표성이 있다고 주장했다. 그러나 캐나다와 오스트레일리아의 대표들은 그것이 분단을 고착시킬 것이라고 반대했다.

논란 끝에 유엔소총회는 1948년 2월 26일 표결에 붙여 미국안을 통과시켰다. 그에 따라 유엔임시한국위원단의 활동이 가능한 남한 지역에서 총선거를 실시하게 되었다. 이승만의 또 다른 승리였다.

하마터면 대한민국이 탄생하지 못했을 수도

그러나 서울의 유엔임시한국위원단은 유엔소총회의 남한 총선거 결정을 즉각 받아들이지 않았다. 그래서 4일간의 격렬한 토론이 벌어졌다. 마침내 3월 12일 표결에 부쳐 찬성 4표, 반대 2표, 기권 2표로 남한만의 선거안이 통과되었다. 우익 진영에서는 환성이 터졌다.

찬성이 4표로 늘어난 것은 인도의 메논이 찬성으로 돌았기 때문이었다. 캐나다와 오스트레일리아 대표들은 예상대로 반대했지만, 다행히도 시리아와 프랑스는 기권을 했다. 만일 원래대로 인도와 시리아가 반대했다면, 반대는 5표가 되어 남한만의 선거안은 부결되었을 것이다. 그렇게 되었다면 대한민국은 세워지지 못했을 것이다.

남한만의 선거가 확정되자, 좌익 세력은 선거를 못 하도록 방해하기 시작했다. 남로당은 '민전(민주주의민족전선)'과 '전평(전국노동자평의회)'을 내세워 폭동과 파업을 일으켰다. 그것에 동조해 좌익 학생들은 동맹휴학에 들어갔다. 좌익들은 경찰관서를 습격하고, 전신·전화선을 끊고, 기관차를 파괴했다. 그리고 미군 철퇴, 친일반동분자 타도, 인민위원회로의 정권 이양을 외쳤다.

그처럼 어수선한 시기에 김구는 2월 10일 '삼천만 동포에 읍고함'이라는 제목의 감동적인 성명을 발표했다. 자신은 통일된 조국을 건설하려다가 38선을 베고 쓰러질지언정 한 몸의 안일을 위해 단독정부 수립에는 협력하지 않겠다는 것이었다.

김구를 설득하기 위한 노력

김구를 설득하기 위해 유엔임시한국위원단의 중국 대표였던 유어만(劉馭萬)도 나섰다. 그는 장개석이 김구에게 이승만과 협력하기를 바란다는 메시지를 계속 전달했다. 하지 중장도 2월 12일 이승만, 김구, 김규식 세 사람을 초청해 선거에 찬성한다는 공통된 의견을 유엔에 알리도록 설득했다.

그러나 김구와 김규식은 2월 16일 북한의 김일성과 김두봉에게 남북 통일정부 수립을 논의하기 위해 남북회담을 열자고 제의했다.

이승만은 그러한 김구를 끌어안기 위해 김구에게 소수의 강경파 측근들과 관계를 끊도록 권유했다. 그러나 그것이 실패로 돌아가자, 이승만은 잠시 중단했던 총선거 운동을 다시 시작했다. "이 말 저 말 듣고 아무것도 못 하다가는 공산화되고 말 것이므로, 우선은 죽었던 나라를 한편에서라도 살려 전체가 살도록 해야 한다"는 것이 그의 생각이었다. 그에 따라 남한 정계는 총선파와 남북협상파로 갈라지게 되었다.

상황이 이러한 데도 이승만과 하지의 관계는 나아지지 않았다. 정부가 세워지면 하지 중장은 이승만이 아닌 김규식을 권력의 자리에 앉힐 것이라는 소문이 공공연히 나돌았다.

이승만의 집권을 바라지 않은 사람들 가운데는 미군정청

의 한인 고위 관리들이 있었다. 그 중심 세력은 정일형을 비롯한 서북 지방 출신과 흥사단 계통의 인사들이었는데, 이승만이 독재자가 될 위험이 있다는 이유였다. 그들은 하지 장군을 움직여 이승만을 제압할 인물로 서재필 박사를 미국으로부터 불러왔다. 그러나 서재필은 나이가 너무 많아 그들이 바라던 역할을 해주지 못했다.

그러자 그들은 미군정 기간을 연장하려는 운동을 벌였다. 그래서 1947년 9월 5일 조병옥을 대표자로 하는 '남조선 과도정부 정무위원회'의 이름으로 군정연장 요청서를 하지 장군을 통해 미국 정부에 전달했다. 그 사실이 11월 초 국내에 알려지자, 우익들은 분노했다. 서북청년회를 비롯한 우익 단체들은 규탄 집회를 열었다.

남북협상파의 평양 회의 참석

김구와 김규식의 남북협상 제의에 대해 북한은 오랫동안 회답이 없다가, 갑자기 4월 14일 평양방송을 통해 '전조선 제정당사회단체 대표자 연석회의'를 평양에서 열자고 제의해 왔다. 초청 대상도 5·10 선거에 반대하는 남한의 17개 단체를 지정했다.

1948년 4월 20일 김구가 평양에 도착했을 때, '전조선 제정당사회단체 대표자 연석회의'는 이미 그 전날부터 시작되고 있었다. 회의의 성격도 김구와 김규식이 요구했던 남북요인회담이 아니라 모란봉극장에 600여 명이 모이는 군중집회였다. 김구는 3일째인 4월 22일에 가서야 처음 참석해 축사를 할 수 있었다. 처음부터 불쾌하게 여긴 김규식은 참석조차 하지 않았다.

그럼에도 불구하고, 김구·김규식 일행은 북한 측이 마련한 이른바 '4·30 공동성명'에 서명했다. 그것은 남한의 5·10 선거와 그것으로 세워질 정부를 인정하지 않고 '민주개혁'이란 이름으로 추진된 북한의 공산화를 높이 평가했다. 미·소 양군의 철수도 요구했다. 그렇지만 실질적으로 그것은 미군만의 철수를 의미했다. 소련군은 이미 북한군을 양성해 놓아 언제든지 철수해도 될 형편이었기 때문이다. 김두봉의 집에서 김일성과 김두봉이 참여한 4자회담이 열렸지만, 그것은 회담이라기보다는 식사를 겸한 간담회였다.

5월 1일 노동절 행사에서는 북한의 정규군인 이른바 '인민군'의 열병식이 있었다. 그것은 중국 공산당의 팔로군까지 참여한 성대한 군사 퍼레이드였다. 남쪽 참가자들은 북한의 강해진 군사력을 보고 크게 놀랐다.

서울로 돌아온 김구와 김규식은 5월 6일의 성명에서 평양회의가 성공적이었다고 주장했다. 그것은 우리 민족이 주의와 당파를 초월하여 단결할 수 있음을 보여 주는 회의였고, 4·30 공동성명은 통일 조국의 건설 방향을 밝힌 것이었다고 주장했다. 그리고 북한은 남한에 대한 전기 공급과 연백평야에 대한 물 공급을 계속한다는 약속을 했다고 말했다. 민족 사이의 내전, 즉 남침 전쟁은 없다는 약속도 했다고 말했다.

대한민국의 초대 대통령

한민족 최초의 자유선거를 통한 건국

1948년 5월 10일, 남한 지역은 역사상 처음으로 자유선거를 치렀다. 만 21세 이상의 모든 남녀가 투표권을 가졌다. 친일 부역자에 해당하는 사람들에게는 참정권이 주어지지 않았다.

5·10 선거를 감시하기 위해 유엔임시한국위원단 관계자들이 전국에 흩어져 참관했다. 외국 기자들도 지켜보았다. 공산주의자들의 투표 방해로 100명 이상 사망했지만, 남로당의 방해로 투표를 제대로 못한 제주도의 2개 선거구를 제

외하고는, 전국의 198개 선거구에서 선거를 무사히 치렀다. 유엔임시한국위원단은 5·10 선거가 자유로운 분위기 속에서 치러졌다는 보고서를 냈다.

이승만은 동대문구 갑구에서 당선되었다. 그러나 우익은 압도적 승리를 얻지 못했다. 198명의 당선자 가운데서 우익은 독촉국민회 55명, 한민당 29명, 대동청년단 12명으로 총 96명뿐이었다. 김구와 김규식의 남북협상파는 공식적으로 선거에 참가하지 않았지만, 개별적으로 많이 입후보해 적지 않게 당선되었다. 그들은 우익 진영 입후보자들의 치열한 경쟁으로 어부지리를 얻었던 것이다.

5·10 선거가 끝나자 5월 14일 북한은 남한에 대한 전기 공급과 연백평야에 대한 물 공급도 끊었다. 평양회의에서 김구와 김규식에게 했던 약속을 어긴 것이다.

투표로 결정된 대한민국의 국호

1948년 5월 31일에 국회가 문을 열었다. 의장으로 선출된 이승만은 독립을 찾은 것이 하나님의 힘이라고 말하고, 북한에서 월남해 국회의원에 당선된 이윤영 목사에게 개원식 기도를 부탁했다. 이승만은 이 국회가 1919년 3·1 운동 직후에 서울에서 세워진 한성 임시정부의 법통을 계승한 것이라

고 말했다. 그것은 그가 한성임시정부의 최고위직인 집정관
총재로 선임되었던 사실을 상기시키기 위한 것이었다.

이승만은 정부 수립을 서둘렀다. 9월에 파리에서 열리는
유엔총회에서 승인을 받아야 하기 때문이었다. 국회는 30명
의 의원으로 '헌법 및 정부조직법 기초위원회'를 구성해 헌
법 초안을 마련하기 시작했다. 국호(國號)에 대한 논란이 일
어나 6월 9일 표결에 붙인 결과, 17표를 얻은 대한민국(大韓
民國)이 고려공화국 7표, 조선공화국 2표, 한국 1표를 누르고
국호로 결정되었다.

한민당 세력이 우세한 헌법기초위원회는 권력 구조를 내
각책임제로 결정했으나 이승만의 강력한 요구로 미국식의
대통령중심제로 바꾸었다. 이승만에 따르면, 내각책임제는
영국과 같은 군주국에나 적합하다는 것이었다. 헌법 초안은
국회 본회의로 넘겨져 7월 17일에 공포되었다.

헌법은 대한민국이 정치적으로는 개인의 자유를 최고의
가치로 여기고 선거를 통해 집권자를 선출하는 자유민주주
의 체제임을 분명히 했다. 그리고 경제적으로는 사유재산 제
도와 자유경쟁의 원리에 토대를 둔 자유기업 체제임을 분명
히 했다. 그러면서도 당시의 사회주의적인 분위기를 반영하
여 국가가 공익을 위해 사유재산권을 어느 정도 제한할 수
있게 했다.

국회가 대통령을 선출하다

건국헌법은 대통령과 부통령을 국회가 선출하도록 되어 있었다. 대통령에는 196명의 출석의원 가운데서 180표의 압도적 지지를 얻은 이승만이 당선되었다. 부통령에는 이시영이 당선되었다.

1948년 7월 24일, 구슬비가 내리는 중앙청 광장에서 73세의 이승만은 대통령에 취임했다. 취임사에서 그는 새 나라 건설에는 새 백성이 있어야 하므로 우리 민족은 예전의 부패한 백성의 습관을 버리고 새로운 정신으로 새 길을 찾아야만, 잃어버린 40년의 세월을 회복해서 세계문명국들과 경쟁할 수 있게 될 것이라고 강조했다.

정부 수립 선포식을 8월 15일로 정해 놓았기 때문에 이승만은 내각 구성을 서둘렀다. 국무총리에는 일반의 예상을 뒤엎고 북한에서 월남한 이윤영 목사를 지명했다. 이윤영은 지역적, 당파적 기반이 없어 국가이익을 앞세울 것으로 기대되었지만, 국회에서 인준을 받지 못했다. 그 때문에 이승만은 이범석을 다시 추천해 인준을 받았다.

건국에 공로가 컸던 김성수의 한민당이 초대 내각에서 소외되자 야당 노릇을 하겠다고 불만을 표시했다. 그것은 건국 세력의 분열을 의미했고, 신생국의 앞길을 어둡게 했다.

남북협상파인 김구와 김규식은 건국 과정에 참여하지 않았다. 그들은 계속 5·10 선거가 자유롭지 못한 분위기 속에서 치러졌다고 비판했다.

이러한 김구의 태도에 당황한 것은 장개석의 중국 국민당 정부였다. 장개석은 독립 운동 기간에 도움을 주었던 김구가 이승만과 함께 반공국가 건설에 참여하기를 희망했던 것이다. 장개석의 뜻은 중국 공사 유어만을 통해 김구에게 여러 차례 전달되었다. 그러나 김구와 김규식은 '통일독립촉진회'를 결성해 남북통일 정부 수립 운동을 계속하려 했다.

해방과 건국을 동시에 기념하게 된 8·15

해방 3주년이 되는 1948년 8월 15일, 신생국 대한민국은 중앙청 광장에서 건국 선포식, 즉 '정부 수립 국민축하식'을 열었다. 일본의 맥아더 장군 부부도 참석해 축사를 해 주었다.

기념사에서 이승만은 북한 지역 대표들이 참석하지 못한 데 대해 아쉬움을 표시했다. 자유민주주의를 지향하고 있는 새 나라 대한민국은 양반 계급만을 위했던 조선 시대와는 달리 평민의 자유가 보장되는 평등의 나라가 될 것이라고 강조했다. 그에 따라 양반과 상놈, 부자와 빈자, 남자와 여자, 남한 출신과 북한 출신이 모두 균일한 기회와 권리를 가지고 법 앞에서 평등하게 보호받을 것임을 강조했다.

이승만은 복지 입법도 약속했다. 그는 농사짓는 사람이 땅을 갖게 하는 경자유전의 원칙에 따른 농지개혁을 약속했다. 그러나 그것은 농민이 지주에게 적당한 보상을 하는 유상매수(有償買收)·유상분배(有償分配)의 원칙에 따를 것이었다. 노동자에 대해서는 '이익균점의 권리'와 사회보험제도를 약속했다. 이승만은 자신도 가난하게 자랐을 뿐만 아니라 미국에서 독립 운동을 할 때도 가난한 교포들과 섞여 살았기 때문에 농민과 노동자에 동정적이었던 것이다.

유엔총회로부터 마지막 순간에 승인을 얻다

나라는 세워졌지만, 1948년 9월부터 파리에서 열릴 제3차 유엔총회에서 승인받는 일이 큰 문제였다. 승인 전망은 불투명했다. 소련의 공산권은 물론, 영국의 영연방권도 반대 분위기였기 때문이다.

그러므로 각국 대표들을 설득하기 위해 이승만은 서둘러 특사 조병옥을 미국에 파견하고, 장면의 유엔대표단을 파리로 파견했다. 장면을 단장으로 선정한 것은 가톨릭 국가들의 지지를 얻기 위한 것이었다.

김구도 '통일독립촉진회' 이름으로 별도의 유엔 대표단을 파견하려 했다. 대한민국이 승인되면 분단이 영구화될 것이므로 그 대신 중경 임시정부를 승인받아 남북통일 정부 수립을 추진한다는 계획이었다. 그러나 그 계획은 무산되었다. 대표단장으로 추대된 김규식이 한국인의 분열을 우려해 출국을 거부했기 때문이다.

파리 유엔총회에서 소련 등 공산국가들은 한국 승인 문제를 회의에 상정조차 못 하게 방해했다.

한국에서 들려오는 뉴스도 승인에 불리한 것들이었다. 제주 4·3 사건이 다시 불붙고 10월 19일에는 여수 주둔 제14연대의 좌익 군인들의 반란으로 여수·순천 사건이 일어났다. 국회에서는 40여 명의 중도파·좌파 의원들이 미군 철수안을 제출했다. 11월 3일 김구는 미·소 양군을 철수시킨 다음 남북 통일정부를 세우자는 담화문을 유엔 사무총장에게 전달했다.

그러나 한국 대표들이 발이 닳도록 각국 대표들을 찾아다니며 설득한 보람이 있어서, 마지막 날 마지막 시간인 1948년 12월 12일 일요일 오후 3시에 총회가 열릴 수 있었다. 그리고 표결을 통해 대한민국을 한반도의 유일한 합법 정부로 승인했다.

인재 부족과 친일파 숙청의 모순

신생국 대통령 이승만에게 가장 시급했던 문제의 하나는 인재 부족이었다. 식민지 시대에 고위직을 맡았던 한국인이 극히 적었기 때문이다. 여기에 덧붙여 국회가 서둘러 제정한 '반민족행위처벌법'에 따라 해방 이전의 친일행위를 처벌하기 위한 '반민족행위특별조사위원회(반민특위)'가 구성되고 특별재판관과 특별검찰관이 임명되자,

이승만은 당황했다. 친일 행위를 문제 삼게 되면, 활용할 인재는 더욱더 적어질 것이기 때문이다.

1949년 초 일제 시대 고등계 형사였던 노덕술이 친일혐의로 체포되면서 국회 반민특위와 이승만의 대립은 표면화됐다. 공산주의자들의 혁명 운동으로 치안이 불안한 데 경험 있는 경찰관을 체포하는 것은 현명하지 못하므로 이승만은 그의 석방을 요구했다. 경찰도 반격에 나서서 반민특위에 소속된 특경대를 습격했다.

친일파를 잡는 반민특위도 수세에 몰릴 일이 일어났다. 반민특위 부위원장인 김상돈 의원이 일제 시대에 친일 행위를 했을 뿐만 아니라 최근에는 사람을 죽게 한 자동차 사고를 은폐했음이 드러났기 때문이다. 게다가 반민특위를 지지하는 김약수, 이문원, 노일환 등 10명의 국회의원들이 간첩

혐의로 체포되는 '국회 프락치 사건'이 일어났기 때문이다. 그러자 국회는 서둘러 반민특위의 활동을 끝내고 말았다.

그런데도 친일 혐의로 체포된 사람은 682명에 이르렀고, 그 가운데서 221명이 기소되는 성과가 있었다. 그러나 재판에서는 단지 7명만이 유죄 판결을 받았다.

6·25 남침으로 국가가 사라질 위기

미군 철수와 중국 공산화로 고무된 북한

그동안 북한의 남침(南侵) 위협은 커 가고 있었다. 김일성은 1949년 초 신년 연설에서 무력통일의 의지를 밝혔다. 조국통일민족전선은 이승만 축출을 결의했다.

그와 같은 불안 속에서 1949년 6월 미군이 완전히 철수했다. 그때 한국군의 전투력은 탄약 비축량이 3일분에 지나지 않을 정도로 빈약했다. 그것은 전쟁이 아닌 공비 소탕에나 적합한 규모였다.

초조해진 이승만은 방향을 바꾸어 유럽의 북대서양조약

기구(NATO) 같은 집단방위 기구를 동아시아에서 조직하려 했다. 그는 1949년 3월 퀴리노(El Quirino) 필리핀 대통령에게 태평양 동맹을 제안하도록 격려하고, 8월에는 그 문제를 협의하기 위해 자유중국(대만)의 장개석 총통을 진해로 초청했다. 그러나 태평양 동맹은 탄생하지 못했다. 중립 노선을 내세운 인도의 네루(J. Nehru)가 반대하고, 무엇보다도 소련과의 협조를 강조하는 미 국무장관 애치슨(Dean G. Acheson)이 반대했기 때문이다.

1949년 가을 장개석의 국민당 정부가 모택동의 공산당과의 내전에서 패배해 대만(臺灣)으로 밀려남으로써 거대한 중국 대륙이 공산화되었다. 그것에 고무된 북한은 거의 매일 38선을 침범했다.

그때마다 미국은 한국을 돕기는커녕 한국군이 충돌을 피해 38선 이남 5킬로미터 밖으로 물러날 것만을 요구했다. 그러한 미국의 소극적인 태도는 1949년 3월 북한군이 남한 땅인 개성에, 그리고 초가을 옹진반도에 침범해 왔을 때 잘 나타났다.

남침 유혹을 불러일으킨 미 국무장관의 발언

그러므로 1949년 2월에 로열(Kenneth C. Royall) 육군장관

이 한국을 방문하자, 이승만은 국군 증강을 위한 군사원조를 요구했다. 이승만은 해군 함정, 전투기, 야포와 같은 중화기에 대한 지원을 계속 요구했으나, 그때마다 거부당했다. 탱크를 달라고 요청하자, 군사고문단장 로버츠 장군은 한국은 국토의 대부분이 산과 논으로 이루어져 탱크가 필요 없다는 대답을 했다.

5월에 이승만은 트루먼 대통령에게 서한을 보내 한·미 공동방위군사협정 체결을 요구했다. 그러나 미 군부의 잘못된 자문을 받은 트루먼은 6·25 남침 직전인 1950년 6월 1일 앞으로 5년간은 전쟁이 없을 것이라는 터무니없는 발언을 했다.

그러는 가운데 1950년 1월 12일 애치슨 미 국무장관이 기자회견을 통해 북한의 남침 유혹을 일으킬 만한 중대한 발언을 했다. 대한민국은 미국의 아시아 방위선 밖에 있으므로 북한과 소련의 공격을 받게 되면 스스로 방위해야 한다는 것이었다. 자신의 답변이 너무 무책임하다고 느꼈던지, 그 경우에 유엔의 지원은 기대할 수 있을 것이라는 말을 덧붙였다. 그러나 그때까지 유엔은 침략을 막는 데 나선 적이 없었으므로, 애치슨의 발언은 믿을 것이 못 되었다.

6 · 25 남침 전쟁의 시작

그처럼 우려했던 북한의 남침이 1950년 6월 25일 일요일 새벽 4시에 일어나고 말았다. 20만의 북한군은 일제히 38선 이남으로 침공해 왔다. 공격용 무기가 없던 한국군은 탱크, 중포, 전투기로 잘 무장된 북한군의 적수가 되지 못했다.

그런데도 한국군은 용감하게 잘 싸웠다. 휴가를 나왔던 병사들은 자진해서 부대로 돌아가고 탱크에 화염병을 던지며 뛰어들 정도로 애국심이 강했다. 그럼에도 불구하고 한국군은 사흘 만에 완전히 무너졌다. 남은 것은 항복뿐이었다.

이승만은 도쿄의 맥아더 장군과 워싱턴의 미국 정부에 긴급원조를 요청했다. 서울 하늘에서 소련제 전폭기들이 기관총 공격을 해오는 마당에 정부는 시민들이 동요하지 않도록 침략군을 몰아내고 있다는 거짓 발표를 할 수밖에 없었다.

전황이 악화되자 대통령의 측근들은 이승만에게 피난을 강력히 권유했다. 국가원수가 포로가 되면 큰 재난이 된다는 것이었다. 그러므로 이승만은 6월 27일 새벽 4시에 서울역에서 특별열차로 남쪽을 향했다. 그러나 피난에 나선 것을 후회한 대통령은 대구역에서 기차를 되돌려 대전역으로 올라왔다.

6월 27일 밤 대전의 이승만은 무초(John J. Muccio) 미국 대사로부터 미군이 참전을 결정했다는 반가운 소식을 들었다. 감격한 이승만은 그 소식을 국민에게 알리기 위해 서울 중앙방송국에 전화를 걸어 녹음을 했다. 방송은 밤 10시부터 나갔다. 그러나 6월 28일 새벽 2시 30분경에 방송국이 북한군에게 점령당했기 때문에, 방송은 4시간 만에 중단됐다. 게다가 같은 시간에 한강 다리가 폭파되었기 때문에 방송은 서울 시민들의 피난을 방해했을 뿐이었다.

낙동강까지 밀려 대한민국이 없어질 위기에 놓이다

그나마 다행스러웠던 것은 미국의 참전 결정이 아주 빨랐다는 사실이었다. 트루먼은 전쟁 사흘 만인 6월 27일 일본의 맥아더 장군에게 한국을 도우라는 명령을 내렸다.

맥아더는 우선 현지 상황을 알아보기 위해 6월 29일 수원으로 날아왔다. 대전의 이승만과 무초도 맥아더를 만나기 위해 수원으로 날아갔다. 회동이 끝나자, 맥아더는 지프로 한강 전선을 시찰했다. 흑석동 강둑 참호 속의 한국군 병사를 발견하자 맥아더는 "귀관의 임무는 무엇인가?"라고 물었다. "후퇴 명령이 있기까지 이 진지를 사수하는 것입니다"라는 대답에서 맥아더는 한국인들이 싸울 의지가 있음을 확인했다.

지상군 파견이 시급했지만 일본의 미군은 준비가 되어 있지 못했다. 그러므로 맥아더는 7월 1일 우선 대대 규모의 선발대를 부산에 상륙시켰다. 스미스 부대로 불리는 선발대는 열차로 이동하여 7월 3일 경기도 오산의 죽미령 고개에 배치되었다. 그러나 미군은 북한군의 적수가 되지 못했다. 첫 전투에서 미군은 500여 명 가운데 200명이 희생되었다.

한국군과 미군은 계속 밀려 7월 20일에는 대전을 빼앗기고, 그 과정에서 24사단 사단장인 딘(William F. Dean) 소장이 포로가 되기도 했다. 8월 1일에 이르러 한국군과 유엔군은 낙동강까지 밀렸다.

그로부터 한 달 반 동안 낙동강을 사이에 두고 처절한 공방전이 벌어졌다. 그러나 한국군과 유엔군은 왜관, 다부동, 영천 지구 전투에서 버텨 냄으로써 대구를 지켜 냈다. 북한군은 서쪽의 전라남도로부터도 부산을 향해 공격해 왔으나, 한국군과 유엔군에 의해 마산에서 저지당했다.

동맹국을 얻기 위한 벼랑 끝 전술

인천상륙작전과 38선 돌파

그동안 유엔군이 창설되어 맥아더가 사령관에 임명되었다. 7월 14일 이승만은 전쟁을 효율적으로 수행하기 위해 한국군의 작전권을 유엔군에게 맡기는 '대전협정'을 체결했다.

맥아더는 전세를 획기적으로 바꾸기 위해 적 후방에 대한 상륙작전을 구상했다. 그는 상륙지점으로 인천을 결정했다. 그러나 인천은 바닷물이 나가고 들어올 때의 수심의 차이가 너무 커 미 합동참모부가 반대했다. 하지만 맥아더는 자기의 계획을 관철시켰다.

9월 15일 새벽 함상에서 맥아더가 지켜보는 가운데 261척의 대규모 함대를 동원한 '인천상륙작전'이 시작되었다. 그리고 나서 한국군과 유엔군은 진격을 계속해 9월 28일에 서울을 다시 찾았다.

그러자 낙동강 전선에서 고립된 북한군이 태백산맥 줄기를 타고 북쪽으로 도주하기 시작했다.

마산·창녕 전선의 북한군도 배를 타고 북한으로 도주하기 위해 서해안으로 몰려갔다. 한국군과 유엔군은 북쪽으로만 진격하느라고 전라도 지역을 방치한 결과, 영암군과 부안군 등지에서 무수한 양민들이 북한군과 지역 좌익들에 의해 학살되었다. 특히 기독교인들의 희생이 컸다.

국군과 유엔군은 북진을 계속하여 9월 말에는 38선까지 도달했다. 미국 정부는 맥아더에게 38선을 넘지 말고 유엔의 결정을 기다리라는 명령을 내렸다. 그러나 진격을 멈추면 적군이 시간을 얻어 전열을 가다듬게 될 것이 뻔했다.

그러므로 이승만은 정일권 총참모장에게 한국군 단독으로 북진(北進)할 것을 명령했다. 그에 따라 국군은 10월 1일 38선을 넘었다. 10월 7일에는 유엔군도 38선을 넘었다.

북한군은 거의 궤멸된 상태였기 때문에 한국군과 유엔군의 진격은 빨랐다. 10월 10일 한국군이 원산을 점령하자, 10월 12일 이승만은 위험을 무릅쓰고 그곳을 방문했다.

6·25 전쟁 당시 전선의 장병들을 격려

10월 19일 평양이 수복되자, 10월 29일 이승만은 미국 상원의원 놀랜드(William Knowland)와 함께 평양을 방문했다. 이승만이 군중 앞에서 연설하기 위해 단상에 서는 순간, 근처의 교회에서 자유를 알리는 종소리가 울렸다. 이승만은 도지사와 국회의원을 뽑기 위한 선거를 실시하겠다고 약속했다. 연설이 끝난 다음 이승만은 안전을 걱정하는 군인들의 만류를 뿌리치고 군중 속을 지나 자동차까지 걸어가는 대담성을 보였다.

한국군과 유엔군은 북진을 계속하여 서부전선에서는 일부 선발대가 평안북도 초산의 압록강에 이르렀다. 동부전선에서는 미군이 함경북도 혜산진과 함경남도 장진호에 도달했다. 통일이 다가온 것 같았다.

그러자 이승만은 북한 지역 통치 문제를 놓고 유엔군과 갈등을 빚게 되었다. 유엔군은 북한에 대한 통치권이 유엔에 있다면서 미군 장교들을 행정 책임자로 임명하려 했다. 그러나 이승만은 북한 땅이 대한민국의 영토라고 주장하면서 도지사를 파견하려 했다.

중공군의 인해전술에 밀린 유엔군

그러나 북한에 대한 통치권 논쟁도 소용없게 되었다. 대규모의 중공군이 한반도로 밀려들어 와 국군과 유엔군은 황급히 후퇴하게 되었기 때문이다. 중공군은 10월 25일 평안북도 운산 지역에서 국군과 첫 전투를 벌이고, 군우리(개천) 전투에서 미군에게 큰 손실을 입혔다. 12월 4일에는 평양을 적에게 내주었다. 목숨을 파리처럼 여기는 중공군의 인해전술(人海戰術) 앞에서 버텨 낼 군대는 없었던 것이다.

이때 전선의 맥아더와 워싱턴의 트루먼 사이에 전쟁 목표를 둘러싼 갈등이 일어났다. 트루먼은 전쟁에서 승리할 수 없다고 보고 38선 주변에서 휴전하려고 했다. 그리고 중공과의 정면충돌을 피하기 위해 미 공군기들이 만주와 압록강 다리를 폭격하지 못하게 했다.

그러자 맥아더는 "전쟁에서는 승리밖에 없다"면서 만주 폭격과 중국 해안 봉쇄를 통한 확전을 주장했다. 그는 트루먼 행정부가 중공군의 보급로를 폭격하지 못하게 함으로써 미군들의 목숨을 위태롭게 만들고 있다고 불만을 터뜨렸다. 그러자 트루먼은 1951년 4월 11일 맥아더를 유엔군 사령관에서 해임하고 리지웨이(Mathew B. Ridgway)를 임명했다.

그동안 유엔군과 한국군은 계속 후퇴해 1951년 1월 4일
에는 서울을 내주었다. 그리고 1월 7일에는 평택과 안성을
잇는 37도선까지 후퇴했다.

여기서 미국은 전쟁을 계속할 것인지, 아니면 한반도를
떠날 것인지 결정해야 할 갈림길에 놓였다. 미국은 한국 정
부를 제주도나 사모아로 옮길 것까지도 검토했다. 대한민국
이 사라지게 될 위기가 온 것이다.

그러나 이승만은 물러나지 않았다. 그는 미국이 한국에서
소련에게 밀리면 다른 곳에서도 계속 밀리게 되므로 떠나지
못 한다고 생각했다. 이승만의 확고한 전쟁 의지에 감격한
유엔군 사령관 리지웨이는 "나는 여기 머물기 위해 왔다"는
말로 더 이상 후퇴하지 않겠다는 의지를 밝혔다.

그에 따라 유엔군과 한국군의 반격이 시작되어 1951년
3월 15일에는 서울을 탈환하고 3월 말에는 38선 근처에 이
르렀다. 그 사이에 유엔 공군과 해군은 평양을 비롯한 북한
의 주요 도시들을 맹렬히 공격하여 폐허로 만들었다.

휴전 강행에 '반공포로 석방'으로 맞서다

그러나 미국은 어떻게 해서든 휴전하려 했기 때문에 공

산 측이 원하는 것은 모두 들어주려고 했다. 특히 영국을 비롯한 참전국들이 휴전을 서둘렀다. 1951년 6월 23일 소련의 유엔대사가 휴전 의사를 밝힘에 따라 개성에서 휴전회담이 열렸다. 회담은 판문점으로 옮겨 중단과 계속을 되풀이했다. 그러면서도 전선에서는 전투가 계속되었다.

이승만은 휴전에 반대했다. 휴전은 한국인들에게 통일도 못한 채 죽음과 파괴만을 남길 것이기 때문이다. 이승만은 1953년 4월 9일 휴전에 반대하는 정식 항의문을 트루먼에게 보냈다.

만일 중공군을 북한에 둔 채 휴전한다면, 한국은 통일을 위해 단독으로 북진할 것임을 분명히 했다. 그 경우에 미군은 한반도에서 철수해도 좋지만, 공군, 포병, 해군 함포 지원만은 계속해 줄 것을 요구했다.

4월 23일에도 이승만은 양유찬 주미 대사를 통해 만일 한국의 요구가 받아들여지지 않은 상태에서 휴전이 된다면 한국군을 유엔군으로부터 빼내겠다고 위협했다.

이승만은 유엔군 측이 북한과 중공에 가지 않으려는 반공포로(反共捕虜)들을 중립국송환위원회에 넘겨준 데 대해 분개했다. 그렇게 되면 그들은 공산 측에게 설득과 협박을 당해 북한과 중공에 끌려갈 위험이 컸기 때문이다.

게다가 반공포로들을 관리할 중립국이 친공적(親共的)인

인도인 것도 문제였다. 그 때문에 이승만은 인천항에 도착한 인도군의 상륙을 거부했다. 인도군은 미군 헬리콥터를 이용해 판문점 근처의 중립지대로 이동하는 수밖에 없었다.

이승만은 유엔이 제멋대로 휴전할 수 없다는 것을 보여 주기 위해 헌병 총사령관 원용덕 장군에게 비밀리에 반공포로 석방을 지시했다. 1953년 6월 18일 새벽 2시 전국의 여러 수용소에 갇혀 있던 2만 7,000명의 반공포로들은 한국군 헌병들이 쏘는 카빈 총소리를 신호로 일제히 철조망을 뚫고 탈출했다. 그 과정에서 60여 명의 반공포로가 미군 총에 희생됐지만, 나머지 포로들은 무사히 탈출하여 경찰들이 안내하는 민가에 숨었다.

한미동맹을 맺어 주면 휴전에 동의하겠다

반공포로 석방은 세계를 깜짝 놀라게 했다. 왜냐하면 그것은 공산군 측을 분노케 함으로써 휴전회담을 깨뜨릴 위험이 있었기 때문이다. 아이젠하워(Dwight D. Eisenhower) 대통령은 가장 강력한 어조로 항의했고, 그 소식을 듣는 순간 면도기를 떨어뜨린 것으로 알려진 영국의 처칠 총리는 극단적인 말로 이승만을 비난했다.

결국 미국은 이승만을 달래지 않고는 휴전할 수 없음을

알게 되었다. 그 때문에 아이젠하워는 한국에 동정적인 로버트슨(Walter Robertson) 국무차관보를 특사로 서울에 파견했다. 1953년 6월 25일에 서울에 도착한 로버트슨은 3주일 동안 이승만과 힘겨운 협상을 했다. 이승만은 휴전에 동의해 주는 조건으로 한미동맹(韓美同盟)의 체결을 요구했다. 그러나 미국은 동맹을 원하지 않았으므로 회담은 결말이 나지 않았다.

회담이 진행되는 동안 이승만은 미국 국민의 동정심을 일으키기 위해 감동적인 성명서를 여러 차례 발표했다. 예를 들면, 1953년 7월 4일 미국 독립기념일에는 한국인들의 반공(反共)투쟁이 18세기 영국에 대한 미국인들의 독립투쟁과 같다고 방송했다.

그의 영어방송을 들은 수천 명의 미국인들이 격려 편지를 보내왔다. 주 의회들은 한미동맹 지지안을 채택하는가 하면, 우파 신문들은 지지 논설을 실었다.

미국이 마침내 한미상호방위조약에 동의

결국 미국은 이승만의 요구를 받아들이게 되었고, 그에 따라 유엔군 측은 1953년 7월 27일 판문점에서 공산군 측과 휴전협정서에 조인할 수 있었다. 북한의 남침이 있은 지 3년

1개월 만이었다.

1953년 8월 3일, 한미방위조약을 구체적으로 협의하기 위해 덜레스(John F. Dulles) 국무장관이 서울에 왔다. 이승만과 덜레스는 해방 전부터 알던 사이였고, 조지 워싱턴 대학교와 프린스턴 대학교의 동문이었다.

그렇지만 회담장에서 두 사람은 자기 나라의 이익을 대변해야 하는 대표로서 맞섰다. 덜레스는 한미동맹에서 미국은 북한의 남침 경우에만 원조의 의무를 갖는다고 한 데 반해, 이승만은 미국과 한국은 공산세계와 싸우는 자유세계의 동반자이므로 언제든지 도와야 한다고 주장했다.

한미상호방위조약 가조인식(중앙의 서 있는 사람이 이승만)

근본적인 시각 차이는 좁혀지지 못했지만, 일단 두 나라는 '한미상호방위조약'에 가조인했다. 정식 조인은 10월 1일 워싱턴에서 이루어지고, 1954년에 '한미합의의사록'이 추가되었다. 그에 따라 이승만은 미군 2개 사단을 한반도에 주둔시키고 국군 20개 사단의 무장에 필요한 군사원조와 경제부흥 자금을 얻게 되었다.

그때 이승만은, "이제 한미방위조약이 체결되었으므로 우리의 후손들은 여러 대에 걸쳐 이 조약으로 갖가지 혜택을 누릴 것이다"라고 말했는데, 오늘날 대한민국의 자유와 번영에 비추어 볼 때, 이승만의 예측은 맞았다.

제네바 정치회의에서 북한과의 마지막 협상

1953년 7월 27일의 휴전협정은 군사 문제만 다루었기 때문에 한반도 통일문제를 논의하기 위한 19개국의 정치회담이 1954년 4월 제네바에서 열리게 되었다. 정치회의에는 한국과 15개 유엔 참전국, 그리고 공산 측의 북한, 중공, 소련이 참가했다.

회담이 열리기 직전 이승만은 특별성명을 통해 한국의 제네바 회의 참가는 평화통일을 위한 마지막 노력임을 밝히면서 회담이 실패하면 휴전 협정은 무효가 되는 것이라고 주장했다.

회의에서 한국대표 변영태 외무장관은 한반도 통일을 이룩하기 위해서는 북한에서 중공군이 철수한 다음 유엔 감시 아래 자유선거가 실시되어야 한다고 주장했다. 남한은 이미 1948년 5월 10일에 선거를 치렀기 때문에 다시 선거를 할 필요가 없다는 것이었다.

이에 맞서 북한은 선거가 중립국감시위원단의 감시 아래 전체한국위원회의 주관으로 치러져야 한다고 주장했다. 남북한의 의원 수효도 인구와는 관계없이 똑같아야 한다고 주장했다. 그리고 남한도 선거를 다시 해야 한다고 주장했다. 이것은 대한민국을 해체하라는 요구였다.

북한의 주장에 대해 미국을 포함한 유엔 참전 15개국 대표들이 동조했다. 그러한 입장은 영연방 국가들인 영국, 오스트레일리아, 뉴질랜드 대표들에게서 강했다. 그러므로 미국 대표단은 한국 대표단을 돕기 위해 참석한 올리버 교수를 통해 이승만을 설득하려 했다. 만일 그 통일방안을 받아들이지 않으면 한국은 국제사회의 외톨이가 될 것이라고 위협했다.

그러나 이승만은 완강히 거부했다. 그것을 받아들이는 것은 대한민국의 해체를 의미했기 때문이었다. 그러므로 제네바 정치회의는 말싸움만 하고 7월 21일 아무런 결실 없이 막을 내렸다. 한 가지 확인된 사실은 북한은 어떤 경우라도 유엔 감시하의 자유총선거를 통한 남북통일에는 반대한다는 것이었다.

자유민주주의의 실험

전쟁 중에도 국회가 대통령을 몰아치다

1950년 6월 25일 북한이 남침했을 때 제2대 국회가 문을 연 지 일주일밖에 되지 않았다. 국회에는 남북협상론자들인 김구와 김규식의 추종자들이 많았기 때문에 이승만에게는 껄끄러운 것이었다. 국회의원 210명 중 무소속이 126명으로 절반을 훨씬 넘었기 때문에 정치적 안정을 기대하기는 어려웠다.

그러므로 피난을 가는 도중에도 일부 국회의원들은 대응책을 마련하는 데 협조하기보다는 행정부가 남침을 막지 못했다고 격렬히 비난만 했다. 7월 17일 대구에서 이승만은 그들을 질책했다. 난리가 나서 야단인데도 국가의 안위에는 생각도 없는 소인배들이라고 그들을 비난했다. 제갈공명이 총리가 되고 관우와 장비가 사령관이 되었던들 북한군의 탱크와 대포를 어떻게 막겠는가고 반박했다. 미리 준비를 못 한 것은 미국의 무기 지원이 미루어졌기 때문임은 모두가 아는 사실이라고 했다.

1951년 2월 임시수도 부산에서 행정부와 국회는 '거창 사건'으로 충돌했다. 그것은 지리산 공비토벌을 하던 국군에 의해 경상북도 거창군 신원면의 마을 주민 수백 명이 빨치산과 내통한 혐의로 희생된 사건이었다. 국회는 진상조사단을 구성하고 정부의 책임을 물었다.

국회와 행정부의 대립은 전남 고흥 출신의 국회의원 서민호가 요릿집에서 군의관 대위를 권총으로 살해한 사건을 둘러싸고 절정에 이르렀다. 이승만은 서 의원의 사형을 희망했다. 하지만 법원은 가벼운 처벌로 대통령에 맞섰다. 서 의원이 구속되자 국회는 석방을 의결했다.

1951년 3월 행정부와 국회는 '국민방위군 사건'을 놓고도 격돌했다. '국민방위군'은 대한민국의 청년들이 북한군에 끌려가지 않도록 미리 후퇴시키기 위해 급히 만든 조직이었다. 그리하여 1950년 12월부터 17~50세의 장정 50만 명이 남쪽으로 이동하게 되었다. 그러나 수송수단이 없고 보급품도 제대로 공급되지 않아 도중에서 많은 인원이 굶주림과 질병으로 목숨을 잃었다. 그것에 대해 국회와 언론이 행정부를 맹렬히 비난하자, 국방장관 이기붕은 김윤근 등 5명의 간부를 사형시킴으로써 성난 여론을 잠재우려고 했다.

대통령 선출은 국민 직접선거로

정쟁과 전쟁의 소용돌이 속에서 1952년에 제2대 대통령 선거를 맞았다. 국회 구성 분포로 볼 때 이승만이 국회에서 대통령으로 다시 선출되는 것은 쉽지 않아 보였다. 무초 미국 대사도 미국의 말을 잘 듣지 않는 이승만보다는 온건한 장면 국무총리를 더 바라는 것 같았다.

그러나 이승만은 자신이 국민의 압도적 지지를 받고 있다고 믿었다. 그것은 1951년 4월의 지방의회 선거와 5월의 지방자치단체장 선거에서 이승만 지지자들이 승리한 사실로 확인된 것 같았다.

그러므로 이승만은 대통령 선거 방식을 '국회 간접선거'로부터 '국민 직접선거'로 바꾸려고 하였다. 그러나 1952년 1월 국회는 그가 제출한 직선제(直選制) 개헌안을 부결시키고 대통령 중심제를 내각책임제로 바꾸려는 새로운 개헌안을 제출했다.

불리한 상황에 놓인 이승만은 국민의 지지를 이끌어 내기 위한 극적인 행동에 나섰다. 1952년 5월 26일 이승만은 공비가 나타난다는 이유로 임시수도 부산과 경상남도, 전라남북도 일대에 비상계엄령을 선포했다. 그것에 대해 미국이 반대했다. 육군참모총장 이종찬도 군대의 정치적 중립을 이유로 계엄사령관 취임을 거부했다. 그 때문에 이승만은 개인적으로 신뢰하는 원용덕 헌병 총사령관에게 계엄업무를 맡길 수밖에 없었다.

원용덕의 헌병들은 국회의원 출근 버스를 헌병 총사령부로 끌고 가 10여 명의 국회의원을 간첩 혐의로 구속했다. 이른바 '부산 정치 파동'이 일어난 것이다. 이승만은 국내외 언론으로부터 혹독한 비판을 받았다.

자유민주 제도가 자리를 잡기 시작하다

이승만은 그 사건을 통해 자신의 생각을 국민에게 알리려 했다. 자기는 대통령 선출권을 국민에게 돌려주려는데 국회와 언론이 반대하고 있다는 것이다. 그리고 이승만은 지지여론을 얻는 데 성공했다.

지방의회들은 직선제 개헌안을 지지하는 결의안을 채택

하고, 지방의원들은 부산 국회의사당을 둘러싸고 국회 해산을 외쳤다. 반공청년들은 국회의사당에 밀고 들어가 의원들을 감금했다.

마침내 장택상 국무총리의 중재로 타협안이 마련되었다. 그에 따라 정부 측의 개헌안에서 대통령 직선제를 고르고 국회 측의 개헌안에서 국무위원 불신임권을 골라 만들어진 이른바 '발췌개헌안'이 1952년 7월 국회를 통과했다. 결국 이승만은 대통령 직선제의 목표를 달성했다.

이처럼 국회가 이승만의 초강수에 밀린 것은 대통령 간선제가 대통령 직선제보다 명분(名分)에서 약했기 때문이다. 미국도 전시에 이승만을 대신할 만한 강력한 인물을 찾을 수 없었다. 전선의 미군 지휘관들도 대부분 이승만을 지지했다. 그 때문에 미국은 이승만의 재집권을 받아들일 수밖에 없었다.

1952년 8월 2일, 국민이 직접 선출하는 제2대 대통령 선거가 실시되었다. 전쟁 중이라도 현직 대통령이 재집권하기 위해서는 선거를 치러야 할 정도로 민주주의가 기본 틀을 유지하게 된 것이다.

유권자의 88퍼센트가 참여한 선거에서 자유당의 이승만은 74.6퍼센트의 지지를 얻어 3명의 후보를 제치고 당선되었다. 부통령에는 9명의 후보 가운데서 이승만이 지지한 무소속의 함태영 목사가 당선되었다.

선거를 참관했던 유엔 선거감시위원단은 경찰의 개입이 있었지만 대세에 영향을 미칠 정도는 아니었다고 평가했다. 그 때문에 선거가 끝나면서 정치는 급속도로 안정되어 갔다. 이합집산을 거듭하던 상당수의 국회의원들이 이승만 지지로 방향을 확실히 정했기 때문이다.

1953년 7월 27일 휴전협정이 체결되면서 대한민국은 참혹한 전쟁의 파괴로부터 회복되기 시작했다. 그에 따라 자유민주주의의 제도들도 하나씩 뿌리를 내려가고 있었다. 무엇보다도 눈에 띄는 변화는 양당(兩黨) 제도의 출현이었다. 1954년 5월의 제3대 국회의원 선거에서 이승만의 자유당은 과반수를 넘는 승리를 거두었다. 그에 맞서 야당들도 연합하여 1956년에 민주당을 조직했던 것이다.

자유주의 문화가 점차 퍼지다

이승만 집권 기간에 개인의 자유를 최고의 가치로 여기는 '자유주의 문화'가 조금씩 싹을 틔워 갔다. 자유주의 문화는 주로 평등주의, 실용주의, 개척정신을 강조하는 '미국적 생활 방식'을 의미했다. 한말 개화파(開化派)의 이상이 구현되기 시작한 것이다. 그것은 봉건적이고 공동체적인 유교 문화와 군국주의적이고 전체주의적인 일제 문화의 잔재와 충돌하면서 천천히 사회 전체에 스며들고 있었다.

자유주의 문화가 사회 전반에 퍼져나가게 된 데는 농지개혁이 중요하게 작용했다. 자유주의의 신봉자인 이승만은 농지를 분배받은 농민이 지주에게 보상하는 유상몰수 유상분배의 원칙에 따른 농지개혁을 추진했다. 그러나 국회에는 지주 세력이 강했기 때문에 농지개혁법은 6·25 전쟁 직전인 1950년 3월에야 확정될 수 있었다.

그러나 그전부터 이승만은 행정명령으로 농지개혁을 준비하고 있었기 때문에 6·25 남침이 일어났을 때 농민들이 소유의식(所有意識)을 가질 정도로 진행되어 있었다. 그러므로 농민들은 경작권만 주는 북한식 토지개혁에 쏠리지 않고 대한민국에 충성했던 것이다.

농지개혁은 지주 계급을 해체시켜 자작농 사회를 형성하는 혁명적인 결과를 가져왔다. 또한 농지개혁은 농민들이 농산물과 농지를 자유롭게 팔 수 있게 함으로써 자유시장 경제의 발달을 촉진했다.

한국 사회의 자유화에는 기독교(개신교)의 역할이 컸다. 개인의 구원을 강조하는 개신교의 종교적 개인주의는 전체주의적인 공산주의 체제를 거부하는 대한민국의 반공적(反共的) 성격과 맞았다. 그에 따라 이승만의 12년 재임 기간에 개신교는 다른 종교들에 비해 영향력이 컸다. 135명의 장관급 부서장들 가운데 개신교도가 47.7퍼센트를 차지할 정도였다. 그것은 개신교도들 가운데 일찍 개화하여 근대 교육을 받은 엘리트가 많았던 사실도 작용하였다.

또한 이승만 집권기에는 감옥에서 선교 활동을 할 수 있는 형목(刑牧) 제도, 군대에서 선교 활동을 할 수 있는 군목(軍牧) 제도가 도입되었다. 국영 라디오 중앙방송에 개신교 프로그램이 들어가고, 선교 라디오 방송인 기독교방송(CBS)과 극동방송의 설립이 허가되었다.

그러면서도 이승만은 불교에 대해서도 관심과 애정을 가지고 있었다. 어릴 적에 그는 독실한 불교도인 어머니를 따라 북한산 문수사에 다녔고, 그 인연으로 1957년 82세의 나이로 그곳에 걸어 올라가 현판을 써 주었다.

농지개혁으로 사찰들이 농토를 잃게 되자, 뒤늦게 그 사정을 알게 된 이승만은 이미 농민들에게 분배된 농지를 사찰에 되돌려 주게 했다. 회수되지 못한 사찰 농토에 대해서는 교육기관의 경우처럼 2중의 보상을 받게 해주었다. 또한 이승만은 대처승이 차지하고 있는 사찰을 비구승에 넘기도록 도왔다.

이승만은 유교의 삼강오륜을 강조하는 담화도 여러 차례 발표하고, 1954년부터는 유도회 총재가 되어 성균관 대성전의 석전을 봉행했다. 그는 개화파의 전통을 이어받은 자유주의자였지만 전통은 이어가려 했던 것이다.

국가 발전의 초석을 놓다

의무교육과 엘리트 육성을 추진한 '교육대통령'

한국 사회를 '자유화'한 또 다른 중요한 요인은 보통선거제(普通選擧制)의 실시였다. 모든 개인에게 똑같이 한 표를 주는 자유선거 제도는 불평등한 신분 사회를 무너뜨리는 혁명적인 수단이었던 것이다.

보통선거제는 의무교육제(義務敎育制)로 이끌었다. 왜냐하면 모든 개인이 선거에서 올바른 판단을 하려면 현명한 국민이 있어야 하기 때문이다. 무지한 국민을 가지고는 민주주의가 불가능했던 것이다. 그러므로 이승만 정부는 1949년에 6년제 의무교육제를 도입하고, 문맹퇴치 운동을 벌였다. 그 결과 1945년에 78퍼센트였던 문맹자는 1959년에 이르면 22.1퍼센트로 낮아졌다. 학생 수도 중학생 10배, 고등학생 3.1배, 대학생 12배로 늘었다. 그렇게 키워진 인력은 1960년대부터 본격적으로 진행될 공업화에 필요한 값진 노동력이 되었다.

고급 인력의 양성도 빠른 속도로 이루어졌다. 그것은 해방 직후 19개교에 불과했던 대학이 1960년에 63개교로 크게 늘어나 대학생이 10만 명으로 늘어난 사실에서 나타났다. 나라가 가난했음에도 불구하고 1950년대에 매년 평균 600명 이상이 미국을 비롯한 선진국으로 유학을 떠났다.

이승만의 고급 인재 양성 의지가 나타난 대표적인 경우가 1953년의 인하공과대학교(仁荷工科大學敎) 설립이었다. 전쟁 중에 하와이 교민들이 '한인기독학원' 부지를 판 돈의 일부를 보내왔다. 이승만은 그 돈에 모금액을 보태 미국의 매사추세츠 공과대학교(MIT, Massachusetts Institute of Technology) 같은 최고 수준의 공과대학교를 세우려 했다. 이승만은 그 학교에 힘을 실어 주기 위해 국회의장 이기붕과 문교부장관 김법린을 이사진에 포함시켰다. 학교 이름을 인하(仁荷)로 한 것은 1903년 최초의 하와이 이민 출발지인 인천과 도착지인 하와이에서 한 글자씩 고른 것이었다.

군 엘리트의 육성과 원자력 기술의 도입

이승만 집권기에 양성된 고급 인력 가운데서 가장 돋보였던 것이 군(軍)의 엘리트였다. 국군은 6·25 전쟁을 거치면서 10만 명에서 65만 명으로 급격히 성장했는데, 이승만은 거대한 군대를 유지하기 위해 미국으로부터 막대한 원조를 받아 냈다.

군사원조 계획에 따라 매년 1,000명 이상의 장교들이 미국에 파견되어 군사 기술과 조직 관리를 배웠다. 1950년대에 첨단무기를 다룰 기술을 배우기 위해 미국에 파견된 하사관도 1만 명에 가까웠다. 그들은 1960~1970년대의 산업화 과정에서 숙련공으로 국가에 기여할 귀중한 인재들이었다.

6·25 전쟁을 거치면서 유엔한국부흥위원단(UNKRA), 대외활동처(FOA), 국제협력처(ICA)를 통해 원조 자금이 들어오면서 미국 기술 도입도 크게 늘어났다. 특히 '한미상호방위조약'에 따른 대규모의 군사 원조와 경제 원조로 더욱더 많은 기술자와 과학자가 미국으로 파견되었다.

당시의 기술 도입 가운데서 오늘날과 관련해 가장 중요한 것은 원자력 기술이었다. 1956년 이승만은 경무대를 방문한 미국인 전기 기술자 시슬러(W. L. Cisler)를 통해 장래의 에너지는 원자력임을 알게 되었다.

이승만은 즉시 미국과 원자력협정을 맺어 농축 우라늄 공급의 길을 열어 놓고 문교부 안에 원자력과를 설치했다. 그리고 기술훈련생들을 미국 아르곤 연구소(Argonne Laboratory)에 파견하기 시작했다. 1957년에는 국제원자력기구(IAEA)에 가입하고, 원자력연구소와 서울대학교 원자력공학과를 설치했다. 그리고 미국 원조자금과 정부자금을 합쳐 연구용 원자로인 트리가 마크투(TRIGA Mark-Ⅱ)를 사들였다. 원자력은 우선 의학과 농학에서부터 활용되기 시작했다.

이와 같은 1950년대의 변화로 한국 사회에는 유교적인 기반과 일본식 교육을 받은 구식 엘리트를 대신할 새로운 유형의 엘리트가 형성되어 가고 있었다.

"영토 야심이 없는" 미국과의 문명적 결합

6·25 전쟁은 한민족에게는 400만 명의 한인들이 죽고 다치는 역사상 최대의 재앙이었다. 남한의 재산 피해만도 2년간의 국민총생산액에 해당하는 큰 액수였기 때문에 우리 힘만으로는 전후 복구가 불가능했다. 그에 따라 정부 예산에서 미국 원조가 차지한 비중은 전후 복구가 어느 정도 이루어진 1957년에 와서도 53퍼센트나 되었다.

이승만 정부는 국가를 재건하기 위해 1955년 내각에 부흥부를 신설하고 창경궁에서 해방 10주년 기념 산업박람회를 열었다. 1958년부터는 충주비료공장을 시작으로 호남비료공장, 문경시멘트공장, 인천판유리공장을 세워 중화학공업의 토대를 마련해 갔다. 에너지 문제가 시급했기 때문에 강원도의 석탄을 수송하기 위한 함백선, 영월선, 영암선 철도를 놓았다.

분단과 6·25 전쟁으로 대한민국은 중국 대륙과의 연결선이 끊어졌기 때문에 '해양문명권(海洋文明圈)'에 확실하게 속하게 되었다. 그에 따라 일본과의 관계 개선이 중요한 문제로 떠올랐다. 미국도 극동에서 공산권에 대항하기 위해 일본, 자유중국(대만), 한국을 하나의 지역공동방위체로 묶으려 했다. 그러나 한국과 일본은 민족감정에다가 일본의 독도 영유권 주장으로 손을 잡기가 쉽지 않았다.

6·25 전쟁으로 한국이 정신없는 틈을 타서 일본 어부들이 한국 해안을 계속 침범했기 때문에 이승만은 1952년 1월 수자원과 독도 보호를 위해 평화선(平和線)을 선포했다. 그러고는 일본 선박을 잡아 어부들을 수용소에 감금했다.

그럼에도 불구하고 이승만은 일본과의 관계를 개선하기 위해 1951년 10월부터 회담을 시작했다. 그러나 1953년에 일본 대표 구보타 강이치로(久保田貫一郎)가 일본의 지배가 한국을 발전시켜 놓았다는 망언을 하자, 이승만은 회담을 중단했다. 일본의 침략 가능성을 늘 우려했던 이승만에게 한미 상호방위조약'은 일본의 침략을 막기 위한 장치이기도 했던 것이다.

미 국회 연설에서 33번의 박수를 받다

미국은 한국과 일본의 관계 개선을 촉구하기 위해 이승만을 국빈으로 초청했다. 공산세계와의 싸움에서 최전선을 담당했던 한국인들에 대한 감사의 의미도 있었다. 그러면서도 아이젠하워는 이번 기회에 한국이 공산권에 대항해 일본과 손을 잡겠다는 한미공동선언문을 발표하기를 희망했다.

그러나 이승만은 그러한 선언은 너무 이르다고 생각했다. 그러므로 이승만은 미국으로 떠나기 전에 외교 실무자를 통해 이번 방문에서는 일본과의 관계 개선 문제가 다루어질 수 없음을 분명히 알렸다.

이승만은 1954년 7월 25일 미국으로 출발했다. 워싱턴 공항에 도착하자마자, 그는 미국의 극동정책에 대한 불만을 털어놓았다. 미 국무부 안의 친공분자들 때문에 이길 수 있는 6·25 전쟁이 중단되어 한반도 통일이 불가능하게 되고 공산주의자들만 사기가 높아지게 되었다는 것이었다.

그의 반공노선은 7월 28일 오전 미 상하 양원 합동회의 연설에서도 나타났다. 세계는 공산주의자들의 혁명 운동으로 거칠어졌기 때문에 자유세계는 강해지지 않으면 그들의 노예가 될 것이라고 경고하고, 그러한 '자유의 싸움'에서 한국은 선봉을 맡겠다고 주장했다. 그리고 공산주의와 민주주의의 힘이 팽팽하게 맞서는 상태에서는 결코 세계평화가 오지 않을 것이라고 강조하고, 중공이 언젠가는 자유세계를 크게 위협할 것이므로 그 전에 무력으로 타도해야 한다고 주장했다.

그는 연설 도중에 33회의 뜨거운 박수를 받았지만, 대부분의 미국인들에게는 너무 과격한 것으로 생각되었다. 그들에게 공산주의는 그다지 큰 위협이 아니었던 것이다.

뉴욕에서 100만 군중의 환영을 받다

7월 30일 백악관에서 제2차 한미정상회담이 열릴 예정이었다. 숙소인 영빈관을 나서기 직전, 이승만은 미국 측이 마련한 공동성명서에 한일동맹의 가능성이 언급되었음을 알게 되었다. 크게 분노한 이승만은 회담장에 가기를 거부했다. 측근들의 간청으로 가기는 했지만 약속 시간에 늦었다.

그 때문에 두 정상은 만나자마자 실랑이를 벌였다. 아이젠하워는 그 전날 한국에서 원용덕 헌병 총사령관이 중립국

감시위원단의 공산 측 대표들을 쫓아냈다고 항의했다. 이승만은 그들이 간첩 행위를 했기 때문이라고 반박했다. 다시 아이젠하워가 과거는 어떻든 간에 한국과 일본은 국교 정상화가 필요하다고 강조했다. 그러자 이승만은 자신이 대통령으로 있는 한 일본과는 상종하지 않겠다고 단호하게 말했다.

아이젠하워가 화를 내며 밖으로 나가자, 이승만은 "고얀 사람"이라고 한국어로 화를 냈다. 아이젠하워가 화를 삭이고 다시 돌아왔을 때, 이승만은 기자회견 준비로 일찍 일어서야겠다며 퇴장해 버렸다.

이처럼 이승만은 작은 나라의 대통령이었지만 국가의 이익과 자존심이 걸려 있을 때는 큰 나라의 대통령 앞에서도 물러나지 않았던 것이다. 그것은 이승만이 누구에게도 꿀리지 않는 높은 학력과 국제 감각, 그리고 유창한 영어 실력이 있었기 때문에 가능했던 것이다.

이승만의 불쾌감은 8월 2일 뉴욕에서 성대한 환영을 받으면서 씻은 듯이 사라졌다. 숙소인 월도프아스토리아 호텔을 출발해서 브로드웨이를 거쳐 뉴욕 시청에 이르는 길에는 100만 시민이 나와 열렬히 환영해 주었다. 그것은 세계 공산주의와의 싸움에서 용감하게 맞선 한국 국민에 대한 미국 국민의 감사 표시였다. 이승만 대통령은 모자를 벗고 연신 손을 흔들어 답례했다.

뉴욕 시청에 도착해 열린 환영식에서는 밴 플리트(James A. Van Fleet) 장군의 환영사를 들었다. 그리고 나서는 오후에 컬럼비아 대학교에서 명예 법학박사 학위를 받았다. 8월 4일에는 미주리 주의 인디펜던스에서 병을 치료하고 있던 트루먼 전 대통령을 문안했다. 6·25 남침 당시 한국을 즉각 도와준 데 대한 감사의 표시였다.

물러날 때를 놓친 것이 큰 죄

이승만과 미국의 마찰

이승만은 미국식 자유민주주의를 한국에서 실현하려 했다는 점에서 이념적으로는 철저한 친미주의자였다. 그러면서도 국가 이익이 걸린 문제에 있어서는 미국과 대립했다.

충돌은 원조 자금의 사용 문제를 놓고 일어났다. 미국의 동아시아 정책은 일본을 경제 강국으로, 한국을 군사 강국으로 만들어 소련과 중국에 대항케 한다는 것이었다. 한국에 경제 원조를 하면 한국은 그 돈으로 일본 공산품을 사게 되어 미국은 두 동맹국을 모두 확보하게 된다는 전략이었다.

그러나 그것은 한국을 농업국으로 남게 하는 것이기 때문에 이승만은 반대했다. 이승만은 원조 자금을 공업화(工業化)에 사용하려고 했다. 그러나 미국은 가난한 국민을 먹이고 입힐 소비재에 사용하기를 바랐다.

미국과의 마찰은 환율(換率) 문제를 놓고도 일어났다. 한국의 공식 환율은 극심한 인플레이션으로 암시장 환율의 3분의 1밖에 안 될 정도로 낮았다. 그러므로 미국은 환율을 올리려고 했다. 그러나 환율을 올리면 미국 원조액이 실질적으로 줄어들기 때문에 이승만은 계속 낮게 유지하려고 했다.

미국과의 마찰은 국내 정치를 놓고도 일어났다. 미국은

외교 문서를 직접 타이핑하는 이승만 대통령

이승만의 확고한 반공 노선을 존경하면서도 독단적인 행동에 불만이었다. 따라서 미국은 이승만 대신 장면이나 조병옥 같은 온건파를 내세울 마음을 가지고 있었다. 1952년의 부산 정치 파동과 1953년의 휴전 반대 때 세워진 '이승만 제거 계획(Plan Everready)'이 대표적인 경우였다. 미국과의 마찰은 1954년의 사사오입(四捨五入) 개헌과 1958년의 신국가보안법 파동 때도 일어났다. 그때마다 미국은 인기가 떨어져 가는 이승만을 멀리했다.

선거에 계속 출마하려는 무리한 개헌

1956년의 대통령 선거가 가까워 오면서 자유당은 불안해 했다. 두 번의 임기를 마친 이승만이 3선 제한 조항에 걸려 출마하지 못하게 되면, 민주당에게 정권을 잃을지 모르기 때문이었다. 그래서 자유당은 이승만에 한하여 출마 횟수를 제한하지 않도록 헌법을 개정하려 했다.

그러나 자유당의 개헌안은 야당의 반대로 국회에서 부결되고 말았다. 찬성표가 국회의원 정원 198명의 3분의 2선인 136명에서 1표가 모자라는 135표가 나왔기 때문이다. 그러나 자유당은 사사오입(四捨五入)의 원리를 적용해 표결 결과를 뒤집었다. 3분의 2선은 정확히 135.333이지만, 사람을 세는 데는 소수점이 있을 수 없으므로, 136명이 아닌 135명이 맞는다는 해석이었다. 민주당과 여론은 거세게 반발했고, 그에 따라 정국은 극한 대치 상황에 이르렀다.

개정된 헌법에 따른 1956년 5월의 제3대 대통령 선거에서 이승만은 쉽게 승리했다. 민주당 후보인 신익희가 유세 도중 심장마비로 사망했기 때문이다.

그러나 부통령 선거에서는 자유당의 이기붕 대신 민주당의 장면이 당선되었다. 그것은 자유당에게 걱정거리였다. 81세의 노인 대통령이 재임 중에 사망하기라도 한다면, 부통령이 대통령직을 계승하게 되어 정권이 야당에게 넘어갈 위험이 있었기 때문이다.

게다가 대통령에 출마한 무소속의 조봉암이 총 투표수의 23.8퍼센트를 얻은 것도 자유당에게는 껄끄러운 것이었다. 한때 공산주의자였던 조봉암은 "피해 대중 뭉쳐라" "평화 통일"과 같은 선거 구호를 내세웠는데, 반공주의자들에게 그것은 북한의 주장을 연상시키는 것이었다. 그 때문에 야당인 민주당도 신익희 후보가 사망했을 때 그 지지자들에게 조봉암 후보에게는 찍지 말라고 당부할 정도였다.

자유는 반공의 테두리 안에서

대한민국이 안고 있던 가장 큰 어려움은 나라 안팎의 공산주의자들로부터 생존을 위협당하는 것이었다. 그 때문에 이승만 정부는 초기부터 국회가 제정한 국가보안법(國家保安法)을 시행하지 않을 수 없었다. 북한과 중국 대륙이 공산화되는 마당에 공산주의자들이 혁명 운동을 할 자유까지 허용할 수는 없었던 것이다.

6·25 남침 등 계속되는 국가 위기 속에서도 이승만은 야당과 언론으로부터 혹독한 비판을 받았다. 그에 대한 비판의 주역은 야당인 민주당과 그것을 지지하는 구 한민당 계통의 「동아일보」, 흥사단 계통의 월간지 『사상계』, 가톨릭 계통의 「경향신문」이었다. 그들의 정부 비판이 혹독해지자, 1957년 12월 17일 이승만은 개인의 자유보다 나라 전체의 자유가 더 중요하다고 하면서 북한 공산주의의 위협이 있는 한 자유는 제한되어야 한다고 했다. 그러고는 혁신계 정당인 진보당의 간부들을 간첩 혐의로 체포했다.

1958년에 들어가 이승만 정부는 비판세력을 규제하기 위해 신국가보안법(新國家保安法)을 제정하려 하였다. 그 법안에는 간첩죄와 간첩방조죄에 대한 처벌을 강화하고 공산주의 활동의 의미를 넓게 해석하는 조항이 있었다.

민주당 의원들은 그것이 야당 탄압을 쉽게 하려는 것으로 보고 통과를 막기 위해 국회의사당을 점거했다. 그러자 자유당 의원들은 1958년 12월 24일 밤 경찰을 동원해 농성 의원들을 밖으로 끌어내고 법안을 통과시켰다. 아이젠하워는 다울링(Walter C. Dowling) 대사를 소환함으로써 불만을 노골적으로 표시했다.

궁지에 몰린 이승만 정부는 1959년 4월 가톨릭계의 『경향신문』을 폐간시켰다. 정부의 협조요청을 무시한 채 간첩 체포 사실을 보도함으로써 또 다른 간첩의 체포를 방해했다는 이유였다. 그리고 1959년 7월에는 진보당 당수인 조봉암을 간첩죄로 처형했다. 이중간첩 양명산으로부터 돈을 받고 불법으로 권총을 가졌다는 죄였다.

이기붕을 당선시키려는 무리한 선거 전략

1957년부터 미국의 경제 원조가 줄어들면서, 경제성장률이 1959년의 4.8퍼센트에서 1960년의 2.5퍼센트로 떨어졌다. 그에 따라 높은 실업률이 나타났는데, 특히 대학교 졸업자 속에서 심했다. 경제적 위기 상황에서 1960년 3월 15일의 정·부통령 선거를 맞게 되었다.

선거는 자유당의 이승만·이기붕 카드와 민주당의 조병

옥·장면 카드의 대결이었다. 그러나 민주당 대통령 후보인 조병옥이 미국에 병을 치료하러 갔다가 사망함으로써 관심은 부통령 선거에 놓여졌다. 85세의 이승만이 임기를 못 채울 가능성이 있었기 때문에 자유당이 계속 집권하려면 이기붕을 부통령에 당선시켜야 했기 때문이다. 그에 따라 무리한 선거 전략이 나오게 되었다. 그러므로 이기붕의 당선이 발표되었을 때, 여론은 선거 결과를 인정하지 않았던 것이다.

반정부 시위의 중심은 마산이었다. 선거 당일인 3월 15일에 마산에서는 부정 선거를 규탄하는 대규모 시위가 일어났고, 그것을 진압하는 과정에서 7명이 사망했다. 4월 11일 마산에서는 앞서 시위 때 행방불명되었던 중학생의 시신이 바다 위로 떠오른 것을 보고 또다시 큰 시위가 벌어졌다. 정부는 그 배후에 공산주의자들의 조종이 있다고 발표했다.

4월 18일의 고려대학교 학생 시위를 계기로 중심은 서울로 옮겨졌다. 그에 따라 4월 19일에 대학생과 고등학생들을 주축으로 한 대규모 시위대가 "부정 선거 다시 하자"는 구호와 함께 경무대로 돌진하는 일이 일어났다. 그들에 대해 경찰이 발포함으로써 180여 명이 사망하는 대참사가 일어났다.

물러나는 순간까지도 공산주의를 경계

군대가 출동했지만, 계엄 사령관 송요찬은 시위대에 동정적이었다. 그 때문에 시위자들이 군대 차량을 타고 다니는 모습도 보였다. 1960년 4월 25일에

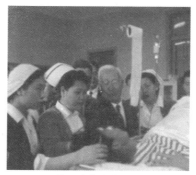
4·19 직후 부상 학생들을 찾은 이승만

는 미국 대사관의 격려를 받은 대학 교수단이 "피의 값에 보답하라"는 현수막을 들고 시위를 벌였다.

이승만은 4월 26일에야 유혈 사태의 진상을 알게 되었다. 그러고는 "부정을 보고 일어서지 않는 백성은 죽은 것"이라고 동정을 표시하면서 부상 학생들을 찾았다. 그리고 4월 27일에는 "국민이 원한다면 대통령직에서 하야(下野)하겠다"는 성명을 발표하고 사임서를 국회에 제출했다. 그가 사임하자 후원자를 잃은 이기붕 가족이 자살했고, 그에 따라 자유당 정권의 핵심 세력이 흩어지게 되었다.

이승만이 경무대를 떠나 이화장 집으로 가는 길에는 수많은 시민들이 나와 노(老) 애국자를 환송했다. 잘못이 있다

하야 후 이화장으로 가는 길의 환송 인파

면 여러 해 전에 대통령 자리를 물러나지 못한 것이라고 동정하는 사람들이 많았다. 한 달 정도 머물던 이승만은 5월 29일 프란체스카 여사와 함께 미국 하와이로 떠났다. 이승만의 국내 체류를 부담스럽게 느끼는 정치 세력들이 압력을 넣었기 때문에 그의 하와이 행은 그가 원하는 것이 아니었다.

그동안 외무장관 허정을 수반으로 하는 과도내각이 구성되어 대통령중심제에서 내각책임제로 바꾸는 헌법개정이 이루어졌다. 7월 29일의 총선거로 새로이 구성된 제5대 국회는 윤보선을 대통령으로 선출했다. 1948년의 간선제(間選制)로 되돌아간 것이다. 권력의 핵심인 국무총리 자리는 장면에게 돌아갔다. 그러나 집권당인 민주당은 윤보선의 구파와 장면의 신파로 분열함으로써 앞날을 어둡게 했다.

민주당 정부는 경제를 활성화할 의도에서 시행한 정책 때문에 큰 어려움을 겪었다. 미국의 압력으로 환율을 500 대 1에서 1,300 대 1로 크게 올린 것이 악성 인플레이션과 반미

(反美) 감정을 불러일으켰다. 또한 일본의 투자를 기대하면서 일본친선사절단과 일본 상품을 받아들인 것이 반일(反日) 감정을 불러일으켰다.

사회대중당이나 한국사회당과 같은 혁신계 정당들의 출현도 민주당 정부를 어렵게 만들었다. 그들은 지난날 남북협상파들처럼 미군 철수, 남북협상을 통한 '중립화 통일'을 주장하고 심지어는 북한체제를 옹호하기도 했다. 그러나 시위대의 도움으로 정권을 잡게 된 민주당 정부는 그들을 제어할 힘이 없었다.

하와이에서 보낸 생애의 마지막

이승만 부부는 1960년 5월 29일 하와이의 호놀룰루 공항에 도착했다. 잠시 체류할 것으로 생각하고 간단한 옷가지만 챙겨왔다. 그들은 윌버트 최가 팔기 위해 내놓은 마키키 스트리트 2033번지의 작은 목조 주택에 머물렀다. 정부로부터 아무런 지원이 없었기 때문에 이승만 부부는 교포들과 미국인들의 도움으로 살았다.

이승만은 귀국을 간절히 원했지만, 그의 귀국은 5·16으로 갓 등장한 박정희 군사정권에게 부담스러운 것이었다. 그러므로 1962년 3월 17일의 귀국계획은 좌절당하고 말았다. 극

도로 낙심한 이승만은 스스로 걷지 못할 정도로 건강이 나빠졌다. 그 후 이승만 부부는 미국인 딜링햄의 도움으로 마우날라니 요양원으로 거처를 옮겼다.

1964년에는 병세가 더욱더 악화되어 퀸즈 병원으로 옮겼다. 그러다가 1965년 7월 19일 0시 35분 90세로 숨을 거두었다. 독립 운동, 건국 운동, 호국 운동으로 전 생애를 불살랐던 이승만은 먼 땅 하와이에서 쓸쓸히 최후를 맞이한 것이다. 그의 영구는 그가 세운 '한인기독교회'에 안치되었다.

그의 영구는 진주만의 히컴 공군기지로 옮겨져 미군 수송기에 실렸다. 밴 플리트 장군을 포함한 16명의 일행

동작동 국립묘지로 가는 운구 행렬

과 함께 김포공항에 도착한 이승만의 영구는 대학로의 이화장으로 옮겨졌다.

7월 27일 고인(故人)의 영구는 그의 모교인 배재고등학교 학생들의 만장 행렬과 함께 그가 다니던 정동 제일감리교회로 옮겨져 영결예배를 가졌다. 운구가 동작동 국군묘지로 가는 길거리에는 한 애국자의 마지막 길을 지켜보기 위해 나온 사람들로 넘쳐났다. 장지에 도착한 운구는 숭의여자고등학교 합창단의 조가(弔歌)가 울려 퍼지는 가운데 땅에 내려졌다.

'문명의 전환'을 주도했던 이승만

세계사적인 관점에서 볼 때, 이승만(1875~1965)의 시대적 역할은 제2차 세계대전 후 서독의 지도자 아데나워(Konrad Adenauer, 1876~1967)의 그것과 아주 비슷했다. 두 지도자는 비슷한 시기에 태어나 비슷한 시기에 정권을 잡고 비슷한 기간 동안 집권했다. 두 지도자는 모두 박사학위를 가졌고, 90세 이상 장수했다.

두 사람은 모두 최악의 국내외 상황에서 새로이 국가를 건설하고 냉전의 틈바구니에서 국가의 생존을 지켜냈다. 두 사람은 "나라는 약했지만 그 지도자는 강했다"는 말에 적합

주간지 「타임」 1953년 3월호 표지

할 정도로 강한 발언권을 가진 국제적인 인물이었다. 이승만이 얼마나 국제적인 인물이었는가 하는 것은 그가 유학생 자격으로 미국 땅을 밟은 1904년부터 하와이에서 죽은 1965년까지 「뉴욕 타임스(New York Times)」에 게재된 관련 기사만도 1,256건에 이른 사실에서 볼 수 있다.

두 지도자는 모두 '현대판 로마제국'으로 떠오르던 미국을 동맹국으로 잡아 '팍스아메리카나(Pax Americana)' 시대에 적응하려 했던 문명의 선각자들이었다. 그렇게 함으로써, 두 지도자는 모두 자기 조국을 '대륙문명권'으로부터 벗어나게 해 미국 중심의 '해양문명권'에 편입시키는 '문명의 전환'을 이룩했다.

독일은 지난날 영국, 프랑스의 서방 문명과 러시아의 동방 문명 중간에서 '그네타기식' 외교를 해 왔지만, 제2차 세계대전 후에는 미국이 참가한 '북대서양조약기구(NATO)'에 가입함으로써 서방 문명권에 속하게 되었다. 대한민국도 한미동맹을 통해 태평양 건너 미국과 군사적, 문명적으로 결합하게 되었다. 두 나라는 모두 자유와 번영을 얻는 성공을 거두었다.

아데나워와 이승만은 모두 철저한 반공주의자들이었다. 아데나워는 공산 체제의 동독을 국가로 인정하는 국가들과는 국교를 맺지 않는다는 '할슈타인 원칙(Hallstein Doktrin)'을 고집했다. 이승만도 대한민국의 생존을 위해 혁명가들이 공산주의자들의 자유만은 허용하지 않으려고 국가보안법을 운영했다.

이처럼 목표가 같고 결과가 같았는데도 두 지도자는 각기 자기 조국에서 아주 다른 평가를 받았다. 아데나워는 국민의 압도적 다수에 의해 '건국의 아버지'로, '라인강의 기적'을 이룩한 영웅으로 존경받고 있다. 이와는 달리 이승만은 2008년 한 대학교의 연구소가 조사한 대한민국 역대 대통령 인기도에서 0.6퍼센트로 최악의 평가를 받았다.

이처럼 이승만이 유별나게 잊히고 지워지고 왜곡된 데는 철저한 반공주의자였다는 사실이 가장 중요하게 작용하였다. 공산주의자들이 볼 때 이승만이 없었으면 공산화 통일이 달성되었을 것이었기 때문이다.

그렇게 되었더라면 대한민국은 '자유와 번영'을 맛보지 못했을 것이다. 왜냐하면 개인(個人)의 자유를 최고 가치로 여기는 자유주의 체제와 국민이 직접 선거를 통해 정부를 선택하는 자유민주주의 제도는 '해양 문명권'에서만 두드러지게 나타난 현상이기 때문이다. 그러므로 오늘날의 대한민국이 있게 된 데는 위정척사파적 전통에 맞서 개화파적 전통을 지켜 낸 이승만의 공로가 큰 것이다.

더 읽을 책

전기 및 역사적 평가

이주영, 『이승만과 그의 시대』, 기파랑, 2011.

이주영, 『우남 이승만 그는 누구인가』, 김앤정, 2008.

인보길 엮음, 『이승만 다시 보기』, 기파랑, 2011.

이주영, 『대한민국의 건국과정』, 건국이념보급회출판부, 2013.

Robert Oliver, *Syngman Rhee: the Man behind the Myth*,
New York: Dodd Mead and Company, 1954.

『이승만: 신화에 가린 인물』, 황정일 옮김, 건국대출판부, 2002.

『대한민국건국대통령 이승만』, 서정락 옮김, 단석연구원, 2009.

유영익, 『건국대통령 이승만』, 일조각, 2013
: Young Ick Lew, *Th Making of the First Korean President
Syngman Rhee's Quest for Independence, 1875-1948*
(University of Hawaii Press, 1914).

손세일, 『이승만과 김구』, 전3권, 나남, 2008.

손세일, "이승만과 김구" 『월간조선』 2004.10~2013.7.

오인환, 『이승만의 삶과 국가』, 나남, 2013.

이한우, 『우남 이승만, 대한민국을 세우다』, 해냄, 2008.

유영익, 『젊은 날의 이승만』, 연세대학교출판부, 2002.

이정식, 『이승만의 청년시절』, 동아일보사, 2002.

이정식, 『이승만의 구한말 개혁운동』, 배재대학교출판부, 2005.

Robert Oliver, *Syngman Rhee and American Involvement in Korea,
1942-1957*, Seoul: Panmun Book Co., 1978.

『이승만의 대미투쟁』 전2권, 한준석 옮김, 비봉출판사, 2013.

『이승만 없었다면 대한민국 없다』, 박일영 옮김, 동서문화사, 2008.

『건국의 내막』 전2권, 박일영 옮김, 계명사, 1998.

이인수, 『대한민국의 건국』, 촛불: 이화장, 2009.

프란체스카 리, 『이승만 대통령의 건강: 프란체스카 여사의 살아온
이야기』, 촛불: 이화장, 2006.

프란체스카 리,『프란체스카의 난중일기: 6·25와 이승만』,
　　기파랑, 2010.
우남전기편찬위원회,『우남노선: 리승만 박사 투쟁노선』, 1958.
김용삼,『이승만의 내이션빌딩』, 북앤피플, 2014.
남정옥,『이승만 대통령과 6·25전쟁』, 이담, 2010.
김인서, 이주영 엮음,『망명노인 이승만 박사를 변호함』, 비봉출판사,
　　2016.
안병훈,『건국대통령 이승만의 생애: 젊은 세대를 위한 바른 역사서』,
　　기파랑, 2015.
유영익,『이승만의 생애와 건국 비전』, 청미디어, 2019.

이승만 저작

『풀어 쓴 독립정신』, 김충남·김효선 엮음, 청미디어, 2008.
『축소판 독립정신』, 김효선 엮음, 동서문화사, 2010.
『뭉치면 살고: 언론인 이승만의 글 모음, 1898~1944』, 조선일보사,
　　1995.
Syngman Rhee, *Japan Inside Out*. (New York: Revell, 1941).
　　『일본, 그 가면의 실체』, 최병진 옮김, 청미디어, 2007.
　　『군국주의 일본의 실상』, 이종익 옮김, 나남, 1987.
Syngman Rhee, *Neutrality as Influenced by the United States*,
　　Princeton University Press, 1912.
　　『전시중립론』, 정인섭 옮김, 나남, 2000.
『한국교회 핍박』, 청미디어, 2007.
『이승만 한시선(漢詩選)』, 이수웅 옮김, 배재대출판부, 2007.
『우남 이승만 한시집(漢詩集)』, 박기봉 편역, 비봉출판사, 2019.

회고록과 증언록

건국대통령이승만기념사업회,『내가 만난 이승만 대통령』, 2012.
김정렬,『항공의 경종: 김정렬회고록』, 대희, 2010, 1993.
박용만,『제1공화국 경무대 비화』, 내외신서, 1995, 1965.

송인상,『회남 송인상 회고록: 부흥과 성장』, 21세기북스, 1994.

윤석오 외,『경무대 사계』, 중앙일보, 1979.

윤치영,『동산 회고록: 윤치영의 20세기』, 삼성출판사, 1991.

한표육,『한미외교 요람기』, 중앙일보사, 1984.

허정,『내일을 위한 증언: 허정 회고록』, 샘터사, 1979.

임병직,『임병직 외교 회고록』, 여원사, 1964.

임영신,『승당 임영신의 나의 40년 투쟁사』, 민지사, 2008.

연구서

유영익 엮음,『이승만 대통령 재평가』, 연세대출판부, 2006.

유영익 엮음,『이승만 연구』, 연세대출판부, 2000.

유영익 엮음,『이승만과 대한민국임시정부』, 연세대출판부, 2009.

이덕희,『한인기독교회, 한인기독학원, 대한인동지회』, 한국기독교역사
연구소, 2008.

고정휴,『이승만과 한국독립 운동』, 연세대출판부, 2004.

김학은,『이승만의 정치·경제 사상』, 연세대출판부, 2014.

김학은,『이승만과 마사리크: 대한민국·체코 대통령 비교』, 북앤피플,
2013.

김학준,『구한말의 서양정치학 수용 연구: 유길준·안국선·이승만을
중심으로』, 서울대학교출판문화원, 2012년 개정증보판.

이주영 엮음,『대한민국은 왜 건국을 기념하지 않는가』, 뉴데일리, 2011.

김길자·김효선 엮음,『건국을 기념하지 않는 나라 대한민국』,
옥계출판사, 2012.

최상호 외,『이승만과 대한민국 건국』, 연세대출판부, 2010.

이주영, "서독총리 아데나워와 이승만 비교 연구",『시대정신』
제36호, 2006 가을.

이주영, "이승만시기의 보수세력과 민주제도",『시대정신』
제47호, 2010 여름.

조갑제, "이승만의 미국 다루기",『월간조선』부록, 2008.10.

이승만과 기독교의 관계

김낙환, 『우남 이승만 신앙연구』, 청미디어, 2012.
박혜수, 『이승만의 기독교 활동과 '기독교 국가론' 구현 연구』,
연세대 박사학위 논문, 2012.
최승선, 『이승만의 기독교 개종과 그의 기독교 이해, 1875~1904』,
　　　장로회신학대 석사논문, 2010.

비디오테이프 및 화보

『우남 리승만』 전7권, 김지호 엮음, CTN TV, 2004.
『이승만과 나라세우기』, 조선일보사, 1995.
『이승만의 삶과 꿈: 대통령이 되기까지』, 유영익 엮음, 중앙일보사, 1996.
『사진으로 보는 6·25전쟁과 이승만 대통령』 전2권, 국방부군사편
　　　연구소, 2014.

프랑스엔 〈크세주〉, 일본엔 〈이와나미 문고〉,
한국에는 〈살림지식총서〉가 있습니다.

이승만 평전

| 펴낸날 | 초판 1쇄 2014년 8월 29일 |
| | 초판 4쇄 2020년 1월 30일 |

지은이	이주영
펴낸이	심만수
펴낸곳	(주)살림출판사
출판등록	1989년 11월 1일 제9-210호

주소	경기도 파주시 광인사길 30
전화	031-955-1350 팩스 031-624-1356
홈페이지	http://www.sallimbooks.com
이메일	book@sallimbooks.com

| ISBN | 978-89-522-2918-2   04080 |
| | 978-89-522-0096-9   04080(세트) |

이 도서의 국립중앙도서관 출판시도서목록(CIP)은 서지정보유통지원시스템 홈페이지
(http://seoji.nl.go.kr)와 국가자료공동목록시스템(http://www.nl.go.kr/kolisnet)에서
이용하실 수 있습니다.(CIP제어번호: CIP2014023669)

085 책과 세계

강유원(철학자)

책이라는 텍스트는 본래 세계라는 맥락에서 생겨났다. 인류가 남긴 고전의 중요성은 바로 우리가 가 볼 수 없는 세계를 글자라는 매개를 통해서 우리에게 생생하게 전해 주는 것이다. 이 책은 역사라는 시간과 지상이라고 하는 공간 속에 나타났던 텍스트를 통해 고전에 담겨진 사회와 사상을 드러내려 한다.

056 중국의 고구려사 왜곡　　eBook

최광식(고려대 한국사학과 교수)

중국의 고구려사 왜곡의 숨은 의도와 논리, 그리고 우리의 대응 방안을 다뤘다. 저자는 동북공정이 국가 차원에서 진행되는 정치적 프로젝트임을 치밀하게 증언한다. 경제적 목적과 영토 확장의 이해관계 등이 복잡하게 얽혀 있는 동북공정의 진정한 배경에 대한 설명, 고구려의 역사적 정체성에 대한 문제, 고구려사 왜곡에 대한 우리의 대처방법 등이 소개된다.

291 프랑스 혁명　　eBook

서정복(충남대 사학과 교수)

프랑스 혁명은 시민혁명의 모델이자 근대 시민국가 탄생의 상징이지만, 그 실상을 아는 사람은 많지 않다. 프랑스 혁명이 바스티유 습격 이전에 이미 시작되었으며, 자유와 평등 그리고 공화정의 꽃을 피기 위해 너무 많은 피를 흘렸고, 혁명의 과정에서 해방과 공포가 엇갈리고 있었다는 등의 이야기를 통해 프랑스 혁명의 실상을 소개한다.

139 신용하 교수의 독도 이야기　　eBook

신용하(백범학술원 원장)

사학계의 원로이자 독도 관련 연구의 대가인 신용하 교수가 일본의 독도 영토 편입문제를 걱정하며 일반 독자가 읽기 쉽게 쓴 책. 저자는 역사적으로나 국제법상으로 실효적 점유상으로나, 어느 측면에서 보아도 독도는 명백하게 우리 땅이라고 주장하며 여러 가지 역사적인 자료를 제시한다.

144 페르시아 문화

eBook

신규섭(한국외대 연구교수)

인류 최초 문명의 뿌리에서 뻗어 나와 아랍을 넘어 중국, 인도와 파키스탄, 심지어 그리스에까지 흔적을 남긴 페르시아 문화에 대한 개론서. 이 책은 오랫동안 베일에 가려 있던 페르시아 문명을 소개하여 이슬람에 대한 편견과 오해를 바로 잡는다. 이태백이 이란계였다는 사실, 돈황과 서역, 이란의 현대 문화 등이 서술된다.

086 유럽왕실의 탄생

김현수(단국대 역사학과 교수)

인류에게 '예술과 문명' 그리고 '근대와 국가'라는 개념을 선사한 유럽왕실. 유럽왕실의 탄생배경과 그 정체성은 무엇인가? 이 책은 게르만의 한 종족인 프랑크족과 메로빙거 왕조, 프랑스의 카페 왕조, 독일의 작센 왕조, 잉글랜드의 웨섹스 왕조 등 수많은 왕조의 출현과 쇠퇴를 통해 유럽 역사의 변천을 소개한다.

016 이슬람 문화

이희수(한양대 문화인류학과 교수)

이슬람교와 무슬림의 삶, 테러와 팔레스타인 문제 등 이슬람 문화 전반을 다룬 책. 저자는 그들의 멋과 가치관을 흥미롭게 설명하면서 한편으로 오해와 편견에 사로잡혀 있던 시각의 일대 전환을 요구한다. 이슬람교와 기독교의 관계, 무슬림의 삶과 낭만, 이슬람 원리주의와 지하드의 실상, 팔레스타인 분할 과정 등의 내용이 소개된다.

100 여행 이야기

eBook

이진홍(한국외대 강사)

이 책은 여행의 본질 위를 '길거리의 철학자'처럼 편안하게 소요한다. 먼저 여행의 역사를 더듬어 봄으로써 여행이 어떻게 인류 역사의 형성과 같이해 왔는지를 생각하고, 다음으로 여행의 사회학적 · 심리학적 의미를 추적함으로써 여행에 어떤 의미를 부여할 것인가에 대해 말한다. 또한 우리의 내면과 여행의 관계 정의를 시도한다.

293 문화대혁명 중국 현대사의 트라우마

백승욱(중앙대 사회학과 교수)

중국의 문화대혁명은 한두 줄의 정부 공식 입장을 통해 정리될 수 없는 중대한 사건이다. 20세기 중국의 모든 모순은 사실 문화대혁명 시기에 집약되어 있다고 해도 과언이 아니다. 사회주의 시기의 국가·당·대중의 모순이라는 문제의 복판에서 문화대혁명을 다시 읽을 필요가 있는 지금, 이 책은 문화대혁명에 대한 안내자가 될 것이다.

174 정치의 원형을 찾아서

최자영(부산외국어대학교 HK교수)

인류가 걸어온 모든 정치체제들을 매우 짧은 기간 동안 시험하고 정비한 나라, 그리스. 이 책은 과두정, 민주정, 참주정 등 고대 그리스의 정치사를 추적하고, 정치가들의 파란만장한 일화 등을 소개하고 있다. 특히 이 책의 저자는 아테네인들이 추구했던 정치방법이 오늘 우리 사회가 당면한 문제를 해결할 수 있는 지혜의 발견에 도움을 줄 수 있을 것이라고 말한다.

420 위대한 도서관 건축순례

최정태(부산대학교 명예교수)

이 책은 도서관의 건축을 중심으로 다룬 일종의 기행문이다. 고대 도서관에서부터 21세기에 완공된 최첨단 도서관까지, 필자는 가능한 많은 도서관을 직접 찾아보려고 애썼다. 미처 방문하지 못한 도서관에 대해서는 문헌과 그림 등 가능한 많은 정보를 수집하려 노력했다. 필자의 단상들을 함께 읽는 동안 우리 사회에서 도서관이 차지하는 의미에 대해 다시 생각하게 된다.

421 아름다운 도서관 오디세이

최정태(부산대학교 명예교수)

이 책은 문헌정보학과에서 자료 조직을 공부하고 평생을 도서관에 몸담았던 한 도서관 애찬가의 고백이다. 필자는 퇴임 후 지금까지 도서관을 돌아다니면서 직접 보고 배운 것이 40여 년 동안 강단과 현장에서 보고 얻은 이야기보다 훨씬 많았다고 말한다. '세계 도서관 여행 가이드'라 불러도 손색없을 만큼 풍부하고 다채로운 내용이 이 한 권에 담겼다.

eBook 표시가 되어있는 도서는 전자책으로 구매가 가능합니다.

㈜살림출판사
www.sallimbooks.com
주소 경기도 파주시 문발동 522-1 | 전화 031-955-1350 | 팩스 031-955-1355